Philippe Collinet

# Métaphysique

« Au-delà des apparences, il y a la conscience. Derrière la matière, il y a la lumière. C'est depuis cette source que tout s'exprime. Nous sommes les émanations des parcelles des étoiles... La métaphysique exprime cette nature de l'univers. Ce livre en est une expression prosaïque. Voici le pourquoi et le comment des choses de la vie écrite d'une façon simple et claire. La matrice dans laquelle nous avons été placée à notre naissance est-elle réelle ? Croyez vous qu'il existe un complot visant la soumission des populations et leur obéissance loyale ? Croyez vous aux extraterrestres, à la clairvoyance, aux énergies quantiques, à la guérison par apposition des mains ? Si vous croyez que ce que vous voyez, alors voyez-vous aussi la lumière ? Les voiles de l'illusion doivent être levés une bonne fois pour toute, pour ne pas revivre les guerres et les conflits relatés dans l'histoire, et pour que la vérité voit enfin la lumière et touche l'esprit des gens, afin de les libérer de l'ignorance qu'est la bêtise humaine ».

Pourquoi sommes-nous ici sur Terre ? Sur cette planète au milieu sept milliards de personnes dites humaines qui vivent tous ensemble avec leurs différences, leur opinions divergentes, les gens bons et les moins bons, voire les mauvaises personnes ? Certains servent le bien, d'autres servent le mal. Certains aident, d'autres choisissent l'égoïsme le plus strict. Pourquoi certains doivent travailler pendant 40 ans dans un bureau, mais d'autres aux travaux manuels ? Pourquoi la société définit des études, des statuts, des fonctionnaires sécurisés, des indépendants sans sécurité et sur-taxés ? Pourquoi récolter de l'argent durant sa vie et des biens matériels pour ensuite laisser le tout ici à notre mort ? Il y a-t-il un but plus profond et donc spirituel que cette scène de théâtre insensée et complètement folle ?

Toutes ces apparences sont des mensonges, des conceptions apprises de façon obligatoire depuis notre tendre enfance pour entrer dans la société et servir la matrice en tant que citoyens honorables et honorés, et qui surtout paient ses impôts loyalement à son gouvernement qui le réduit en esclavage à vie en inculquant à l'humain que c'est ça la norme, et que toutes les personnes et les modes de pensées qui s'en éloignent sont fausses, ignorantes, mensongers, stupides, complotistes, fous. Qui a raison à votre avis ? Et si il existait une autre façon de penser et de voir le monde et notre existence ? Un moyen plus profond, plus dimensionnel, plus sain et plus sage...

La représentation de notre réalité dépend de notre esprit et non pas d'éléments extérieurs à lui. Tout naît depuis notre esprit. Lors d'événements qui peuvent sembler péjoratifs, nous pouvons nous apercevoir de son aspect négatif, ou bien de son aspect positif, même si cela va bien au-delà de cette dualité limitative. Par exemple, se faire plaquer par une personne. Ça peut être traumatisant ou bien libérateur, surtout si ce n'est pas la bonne personne pour nous. Au moins maintenant, on est libre de rencontrer quelqu'un de plus en adéquation avec notre style de vie et nos aspirations. Le choix est toujours libre. Nous créons notre réalité car nous avons cette liberté totale. Ceux qui pensent qu'ils sont le jouet du sort ou du destin se trompent. C'est bien eux qui ont créés cette condamnation et affirmés qu'ils en sont la victime.

Les outils à la libération du cycle des renaissances sont illimités. Il y a bien sûr la méditation, le sport, les balades en nature, les jeûnes, les apprentissages de sagesses, suivre l'enseignement d'un maître. Je dois dire que tous les chemins y mènent, même ceux qui semblent pas du tout les bons. C'est pour apprendre qu'ils sont des pièges et comment les déjouer. L'univers nous testera pour bien vérifier qu'on a assimilé la leçon de vie. Tout n'est qu'une succession d'illusions gluantes et collantes qui entravent la libération par l'éveil de la conscience. Tous les actes qui n'ont aucune connotation spirituelle sont des leurres, des moyens de perdre son temps, ou plutôt de ressentir le temps passer, pour pas grand chose...

La société nous envoie vers le divertissement, la télévision qui lave le cerveau et nous montre des mensonges et des choses inintéressantes pour que l'on s'habitue à la médiocrité et qu'on se dise que la vie en est ainsi et que c'est « normal ». Mais en fait, il s'agit d'une tout autre dimension ! Oui, la vie est illimitée, les horizons sont infinis et les paysages sont ensoleillés. Ne croyez pas vos habitudes ! Le mensonge provient des croyances des non-éveillés. Ils vivent dans une réalité tronquée, sans conscience profonde de leur état. Ils prennent des décisions et des chemins qui vont leur faire perdre du temps et de l'énergie, pour poursuivre des buts sans finalité. Croire un non-éveillé, c'est se condamner à errer dans un labyrinthe. La société n'est pas cette somme d'idées que la télévision nous bombarde matin, midi et soir. Seul penser par soi-même et tracer sa propre route sans considérer les opinions des autres, sera libérateur. On accède ainsi à une dimension réelle véritable, la sortie du labyrinthe du désespoir. Nous ne sommes pas ce que eux veulent que nous soyons !

Les gens en général sont décevants. Certains n'ont pas la conscience de la communauté et sont très égoïstes et matérialistes. Ce qui les tient à coeur c'est leur maison et leur famille. C'est tout. Les gens sont plats et mal intentionnés. L'essentiel est de se tourner vers les gens positifs et riches intérieurement. Ils faut délaisser les gens qui n'ont pas l'intelligence de nous apprécier à notre juste valeur, pour partager avec ceux qui en valent la peine de notre temps.

Le karma est inéluctable. Les gens qui se sont moqués de nous sont réduits à boiter. Les gens qui nous ont volés ou bien exploités sont victimes de cancers mortels. Les gens qui voulaient qu'on échoue sont devenus des ratés. Les gens qui nous ont insultés ont eu des accidents qui les ont conduits à l'hôpital. Les gens qui voulaient notre malheur sont tristes à en mourir. Telle est la loi ! Sans aucune pitié, la justice universelle est plus efficace et moins coûteuse que celle des humains. Tout se paie. Faire le mal a un prix. Personne n'en réchappera. Le Mahakala nous protège et s'occupe de réguler la roue de la vie.

La dimension infinie est la véritable réalité de l'esprit. Les restes ne sont que des concepts, des constructions qui finissent par s'écrouler au final. La finalité est une fréquence. Il s'agit de sortir de la masse nuageuse des tourments de l'activité humaine et de son ennui profond et insensé. On respire ainsi la liberté totale et complète d'être simplement soi-même ! C'est ça le but des existences à la chaîne : irradier de sa lumière propre et les zones d'ombres tombent d'eux-mêmes. Le pouvoir est présent car la matrice se formate en fonction de nos besoins et nos demandes, pour autant qu'elles soient justes et justifiées. On ne fait donc pas ce qu'on veut, mais ce qu'il faut. Le résultat final sera influencé, toujours dans la protection la plus extrême.

Il est bon de s'éclater au sens propre du terme. On n'est pas ici pour s'ennuyer et perdre son temps de vie. On doit expanser son être dans sa totalité pour exister pleinement. Il fait bien de hurler haut et fort d'être vivant, de ressentir cette instant d'éternité dans toutes les couches de notre aura. Chacun avons une mission de vie et des objectifs précis très personnels. Ceux qui ne sont pas libérés totalement reviendront encore et encore. Une leçon non assimilée provoque sa répétition inlassable, jusqu'à qu'on l'ai comprise et appliquée pratiquement. Les gens sur notre chemin seront de deux types : les facilitateurs bienveillants qui sont rares, et les bloqueurs toxiques. Les pires sont ceux qui se font passer pour les bons et qui sont en réalité complètement pourris à l'intérieur. Certains aussi ne sont pas équipés d'une âme. Ce sont juste des extensions de la matrice qui servent juste à contrôler et plomber notre éveil au sens strict du terme. Quand on comprend que tout ce qu'on apprend, que toutes les données sont falsifiées, que la soupe qu'on nous sert comme normalité est une pure illusion et complètement mensongère de A à Z. On s'extirpe des rouages du cycle des renaissances et de la souffrance.

Le temps n'est qu'une invention pour chronométrer la rentabilité des esclaves de la matrice : « time is money ! » Et surtout n'oubliez pas de bien obéir sans aucun soupçon de rébellion, car c'est ainsi qu'on les a convaincu d'être un bon citoyen respectable et honnête ! Au plus vous réussissez et générez du revenu, au plus vous apportez du fric à l'état, donc vous aurez les félicitations et les honneurs. Moi par contre, je suis du côté des marginaux, des moutons noirs du troupeau de blancs. J'aime ne pas entrer dans le moule de la fosse commune. Désobéir est le chemin vers la libération. Il faut penser de façon plus maline que le renard, et plus rapide que le guépard. Il faut arriver au bon endroit et au moment opportun pour resplendir sa destinée.

Les non-éveillés ont un potentiel latent qui ne demande qu'à s'exprimer. Entre-temps, on ne pourra pas les éveiller à leur place. On pourra uniquement faire des suggestions qu'ils vont suivre ou pas. C'est tout ce qui est en notre pouvoir. La matrice est remplie de fonctionnaires sans âme qui y demeurent pour s'assurer que le fonctionnement et le contrôle des infrastructures de la matrice suivent leurs objectifs nauséabonds.

Les aliens existent et ce qu'ils veulent, c'est voler et utiliser notre âme car eux n'en possèdent pas et ainsi ils sont mortels. Ces aliens incarnés ou pas dans la matière, ces êtres qui nous ont créés en modifiant notre ADN depuis les sumériens et leurs Anunnakis. Nous sommes donc des hybrides, des primates améliorés par de la génétique alien. Ils sont sur Terre et dans nos mers depuis des temps encore plus anciens. C'est une question de survie pour eux et ils se sont fait passer pour des dieux sur leurs chars de feu, pour mieux nous soumettre et nous utiliser. Il s'agit d'un fait historique si on s'en réfère à la véritable histoire de l'humanité, racontée dans le Mahabharata, l'oeuvre littéraire de l'indouisme. En effet, celle apprise sur les bancs de l'école n'est là que pour booster les affaires de la matrice et en embrigadant les jeunes esprits dans des concepts faux et mensongers qu'ils vont prendre naïvement comme vérités. Mais, tout ne sont que des illusions.

Les éveillés ne sont pas les plus aimés et ceux qui ont le plus d'amis ou de connaissances plutôt. Ils ne sont pas aimés par la masse populaire de la majorité dite normale. Ce sont des guérisseurs, des poètes, des artistes, des chanteurs, des personnes qui rejettent les valeurs conceptuelles de la matrice sociétale. Ce sont des libres-penseurs affirmés et complets. Ils n'ont que faire des opinions des gens qui les plombent et sont discrédités généralement car ils ne suivent pas le troupeau qui marche au pas, cette armée de travailleurs, de citoyens comme il faut, coiffés trendy et maquillées comme la dernière publication de l'instagrammeuse à 500000 followers. Mais qu'est ce qu'on s'en fout de tout ça ! Les valeurs fondamentales sont dans l'authenticité de la personnalité, l'honnêteté du coeur, et les actions justes et désintéressées. Évidemment, l'éveil n'est pas de la même fréquence que la dernière sortie dite musicale, où il n'y a même plus le son d'un instrument, mais du bruit fabriqué depuis un clavier d'ordinateur. Quand au paroles et aux messages bon marché, ça n'a plus rien à voir avec ces chanteurs des années 80 qui militaient contre la politique de par leurs chansons ! Les artistes dominaient le monde et les médias étaient dans leur camps.

Aujourd'hui c'est tout le contraire. L'artiste est réduit à de la décoration d'ambiance temporaire aux fils des changements d'humeurs. Les médias sont aux ordres de la démocratie qui n'est plus en vérité qu'une dictature nazie au sens strict du terme. Le gouvernement se fait passer pour bienveillant aux yeux de la population, mais en réalité, c'est tout le contraire. Il s'occupe de fournir des données falsifiées et bêtes pour détourner l'attention des gens dans des activités illusoires afin de se distraire comme des bouffons. Ce qui est important n'est sûrement pas ce qu'on nous montre, mais ce qu'on nous cache. Les gens qui se permettent d'utiliser leurs cerveaux, tant qu'ils ne sont pas gazés par les chemtrails, sont traités de fous par le troupeau de bêtes gens qui marchent tous aux pas de la dictature déguisée. Ils n'ont pas de conscience de la réalité et vivent sans méditer, sans penser car paralysés par la peur projetée par tous les canaux d'informations dignes des déjections des toilettes... Les médias sont des bocaux de nourritures prémâchées pour les barakis de kermesse.

Il y a aussi une catégorie de personnes qui n'ont pas l'âme. C'est en général des personnes toxiques et malveillantes qui ne veulent pas notre bien. En réalité, ce sont des excroissances de la matrice qui la servent. Ils ne font que véhiculer les valeurs limitées de la matrice. Ils fonctionnent avec des idéologies superficielles et matérialistes en toutes bonnes obéissances des connaissances écolières fausses. En apparence, ils sont comme vous et moi, mais sous la croûte, il n'y a que du vide. Ce sont des bouts de cartons... Leurs fonctions est de pomper notre énergie et nous faire perdre du temps au profit de la matrice et de son fonctionnement néfaste et abrutissant. La matrice veut nous embourber et nous rendre esclave à vie, et de vie en vie. Elle ne souhaite pas que l'on soit libre et conscient de la véritable réalité. Elle fera tout pour nous tirer vers le bas, vers les mensonges et les illusions pour que l'on continue notre esclavagisme. Ils seront en équipe, mélangés et infiltrés dans le lot, mais on sait facilement les reconnaître. Les sans-âmes nous enfoncent, nous dénigrent, nous insultent, nous discriminent, nous déçoivent, nous ridiculisent, nous rabaissent. Une personne possédant une âme ce sera pas aussi vil et perverse qu'une personne sans âme. Bien sûr, il y a aussi les mauvaises âmes, mais ça c'est encore une autre affaire...

On peut penser que les personnes sans-âme l'avaient au départ et que les aliens les ont abducté pour ensuite la leur voler. Mais en fait, ils ne l'ont jamais eue. En outre, les aliens n'ont pas l'âme non plus et sont donc mortels. Même si leurs longévités corporelles peut atteindre un millier d'années, ils ne sont pas éternels comme les personnes qui ont l'âme. Nous sortons de notre corps physique pour réintégrer le corps suivant, pour poursuivre notre ascension spirituelle vers l'éveil de vie en vie. Les autres hélas, n'ont pas cette chance et lorsqu'ils mourront, ils rejoindront le néant, point final.

Il y a également les gens qu'on élimine en les tuant, pour les remplacer par des clones. Ça n'est pas de la science fiction, ils savent le faire depuis longtemps. Les connaissances accessibles au public sont limitées. Les informations médiatiques ne sont qu'un amas de fake news pour manipuler l'opinion publique et induire un comportement précis et recherché. La meilleure dérive pour soumettre le peuple c'est la peur de la mort. Ça marche pour cette histoire de virus pour que des millions de gens courent se faire vacciner alors que ça se soigne très bien par médicaments et en quelques jours. Les vitamines et minéraux agissent au niveau préventif et l'immunité naturelle est la meilleure défense. Mais les médias nous bombardent d'informations terrifiantes à la télévision, à la radio, dans les journaux, sur les réseaux sociaux pour soumettre les populations à se faire vacciner. Le vaccin provoque le fait que l'âme quitte le corps physique. Ainsi, elle devient plus facile à capturer pour les aliens. Les maçons avaient déjà lâché que on en finira avec ces histoires de virus fin avril 2021. ils sont en désaccord entre eux en fait. Du coup, on observe aux médias que l'ensemble des chiffres inventés de la pandémie diminuent et qu'on peut maintenant réouvrir les restaurants et tout ça grâce à la vaccination. Quelle connerie ! Qui peut croire encore à leurs concepts ? Ils nous mentent depuis le début, alors maintenant, ils doivent continuer de nous mentir jusqu'au bout avec leurs histoires inventées de toutes pièces.

Ce virus, pour autant qu'on arrive un jour à l'isoler est réellement créé par les américains qui l'ont balancé ensuite chez la concurrence commerciale chinoise. Pour après leur crier dessus et les accuser. En effet, ils menaient des études sur les chauves-souris depuis des années. C'était prévu. Le plan était calculé pour suicider l'économie mondiale par la terreur pour nous tuer. Les véritables terroristes sont le gouvernement et l'OMS qui est leur mafia. Ils sont poursuivis pour crimes contre l'humanité en ce moment. Mais pendant ce temps, les gens possédant l'âme on eu le temps de s'informer, de se reposer et de s'arrêter pour méditer sur les choses profondes de la vie. Certains ne sont éveillés et maintenant agissent concrètement pour raconter aux intéressés la réalité. Certains dorment encore, mais en tout cas, beaucoup se sont libérés du cycle de souffrances de l'existence. Les objectifs des aliens ont échoué en fait car un noyau dur de résistants combattent et propage la véritable information. Tel est le but de ce livre. Déjouer la matière physique, la comprendre et la dépasser pour atteindre à la métaphysique, à la nature réelle de la vie ! Il n'y a pas de limites que celles qu'on se fixe...

Finalement, les vaccins covid vont éliminer une grosse partie des non-éveillés, des non-réveillés et des sans-âmes, ces bouts de cartons recyclables... Donc le taux de probabilité de voir un peuple avec des gens qui vivent en conscience et savent se servir de leur cerveau est augmenté ! Bien joué ! Les affaires de ceux qui ont monté le coup du coronavirus arrangent bien les éveillés. Dommage et tant pis pour les autres ! 75% des gens n'ont pas l'âme, ce qui veut dire qu'on perd juste des bouts de cartons ! Les autres tournent encore dans le cycle des renaissances et ceux qui meurent après s'être fait injecter le vaccin reviendront encore dans la matrice terrestre. Les aliens responsables du fléau se meurent et donc la guerre pour capturer l'âme avant leurs propres décès est perdue. C'était leur dernier espoir. On sera ainsi débarrassé de certains de ces parasites. C'est déjà ça en moins dans l'élimination des facteurs qui entravent à la paix et la sérénité sur Terre.

Les sans-âmes ne sont pas soumis à la réincarnation. Pour eux, la mort physique signalera la fin. Ils sont pourtant soumis au karma, donc si un sans-âme vous a fait du mal, attendez-vous au retour karmique dans cette vie. Si vous êtes chanceux, vous serez témoin de cette mise à jour de la justice universelle, ou alors vous en serez informé par des moyens indirects. Les accidents, les cambriolages, les maladies de types cancers ne sont pas les fruits du hasard ou de la malchance. Ils pourraient crier à l'injustice, mais en réalité, c'est totalement juste et justifié ! Pour les personnes avec âme mais qui utilisent le mal, ils ont l'opportunité d'apprendre et de faire progresser leur conscience vers l'éveil complet. Les leçons ne seront pas faciles à intégrer et la vie leur en fera voir de toutes les couleurs. Si vous avez des problèmes avec certaines personnes, il s'agit sûrement de personnes sans âme. Ils mettront un plaisir à vous narguer, nous enfoncer, vous empoisonner, vous insulter, vous plomber... Et cela, toujours en revendiquant les valeurs matérielles et superficielles de la matrice qu'ils défendent.

Le gouvernement nous ment depuis toujours. Les religions (relegere = relier) qui nous lient pour nous attacher dans la soumission et l'obéissance, les sans-âmes en majorité qui surveillent le bon fonctionnement de la matrice. Trois-quart des personnes n'ont pas l'âme. C'est la majorité qu'ils affichent comme définition de la normalité. Surtout aussi dû à ceux qui se définissent comme l'élite et qui sont capables des pires atrocités que le pire des films d'horreur ne saurait pas atteindre. Il y a en effet des actes de pédophilies, de sacrifices rituels, d'assassinats, de cannibalisme que personne n'ose en parler et qui sont pourtant vrais. Voilà ce qui explique pourquoi le monde va si mal et manque cruellement d'humanisme, voire d'humains tout simplement. Ce monde est dirigé par des satanistes pédophiles qui font des rituels de sacrifices et de cannibalisme. Ce qui en découle, c'est que l'enfer règne en maître ici. Voilà pourquoi notre monde est pourri. Voilà pourquoi les gens sont dans la souffrance et que la vie est dure et difficile. Ne cherchez pas plus loin car l'équation est simple et évidente...

Bien que tous les chemins mènent à Rome et que toutes les personnes pourvues d'une âme atteindront l'éveil le plus complet un jour, il y a cependant des chemins de travers. On doit toujours se tromper pour découvrir ensuite la vérité. Et quand on prend conscience de la vérité, on comprend qu'elle n'existe pas. Les religions et philosophies ont enfermé les esprits dans la soumission et l'obéissance à des dogmes carrés aux angles pointus. S'ils ont un message puissant d'amour et de compassion, c'est vrai dans la théorie, mais en pratique techniquement, il y a toujours des dualités, rivalités, compétitions, élitismes, guerres, conflits, scandales sexuels, polémiques philosophiques... Dès lors, comment bien vivre simplement ? En adhérant à son propre fort intérieur. Vous savez la réponse. Vous savez ce qui est bon pour vous. Vous savez être autonomes et indépendants. Croyez donc en votre propre pouvoir intérieur.

La médecine du futur devra être essentiellement préventive par une hygiène de vie saine et une nutrition optimale au niveau de la qualité de la nourriture. La médecine du futur prendra en considération la forme quantique de la matière et les fréquences vibratoires qui font du bien à l'organisme et à l'esprit. On sait que les cancers sont causés par les radiations qui sont partout dans l'environnement, notamment celles des télécommunications. On sait que les pesticides vaporisés pendant toutes la croissance des fruits et légumes ne s'enlève pas du produit par une lavement de quelques secondes sous le robinet d'eau. Ces pesticides tuent nos cellules. Et si les OGM avalés transmettaient comme messages de modifier nos propres cellules ? Vouloir dompter les lois de la nature entraîne la rébellion de celle-ci. La vie doit trouver un moyen de survie, mais pour quelles conséquences directes ? Et si la planète Terre procédait à l'éradication de son pire pollueur qu'est la race humaine ? Ainsi, elle prend soin d'elle-même !

Tant que l'humain ne sera pas en accord avec la nature et la Terre, il y aura des déséquilibres. Nous devons nous reconnecter avec notre nature spirituelle et non pas à la 5G qui vient détruire la nature et causer des cancers au profit des multinationales et de leurs objectifs planifiés. Il est certain que les maladies peuvent être soignées et guéries par apposition des mains d'un guérisseur. Il pratique en transformant la cause quantique du déséquilibre de l'organe et en restaurant le point d'équilibre par l'énergie. La fréquence de guérison aide à remonter le niveau bas de l'organe malade ou en malfonction. C'est réel, ça n'est pas du charlatanisme. Les vendeurs de médicaments chimiques affirmeront le contraire et élimineront la concurrence qui pourrait faire chuter leurs actions en bourse. Je l'ai vécu que j'ai publié une synthèse scientifique sur le Reiki confirmant les résultats médicaux de cette thérapie énergétique. J'ai contacté un maître qui a fait un article pour le publier dans sa revue. L'article a disparu du cloud comme si un troll était passé et avait tout effacé. On a dû publier l'article dans l'édition suivante du magazine. Quand on pense que la société qui fait les insecticides produit également l'aspirine... Ils n'aimeront pas la solution « guérison par opposition des mains » !

Bien sûr les dérives sectaires existent, il faut toujours rester en accord avec la médecine. Mais le reproche que j'ai à faire avec les médecins est de n'avoir comme réponse que la solution médicamenteuse chimique. Il faut travailler l'énergie en complémentarité du traitement. Cela optimise le processus de guérison et, ou de stabilisation. Ce sera toujours au médecin de confirmer cette guérison par ses examens complémentaires : scanner, biologie, scintigraphie... Ainsi, on a les preuves scientifiques et médicalement approuvées par la médecine. Dès lors, il n'y a pas de charlatanisme vu que le dieu de la science et des preuves matérielles l'a confirmé !

La guérison énergétique parfois n'a pas lieu. C'est en raison de la limite karmique. Le patient, doit passer par cette expérience et c'est ainsi. Il ne sera pas guéri. Toutefois, l'apposition des mains par le guérisseur peut stabiliser la symptomatique de la pathologie. C'est déjà ça de gagné sur la maladie... Les firmes pharmaceutiques ont démontré leurs propres charlatanisme en ce qui concerne la promotion et la vente des vaccins covid. La quantité de morts et de gens qui sont tombés malades juste après avoir fait leurs vaccins n'est pas négligeable. De plus, il y a un rebond de personnes qui tombent malades du covid après vaccination. Donc, ça confirme que les firmes feront tout, même tuer pour vendre leur produits chimiques. Quand on pense que les vaccins ARN sont fabriqués depuis des foetus humains de cinq mois avortés. Ça en dit long sur la moralité de ces tueurs des firmes pharmaceutiques... Ils vendraient leur propre mère !

Il faudrait prendre conscience de douter de ses sources parce que toutes les sources sont fausses et biaisées selon les connaissances actuelles du moment. En médecine, des sources fiables sont contredites dix ans plus tard. La science démontre ainsi que ce qui était valide à l'époque est devenu faux et même dangereux pour la santé. Entre-temps, les produits sensés soigner la pathologie décrite comme telle se sont quand même vendus. « Business is business », surtout dans la désinformation de l'information. Ils ne prennent le public uniquement pour des consommateurs. Mais depuis quand les politiques et les médias se prennent pour des médicaux et des scientifiques ?! Qu'ils restent dans ce qu'ils savent faire : du showbusiness !

Cependant en ce qui concerne notre abondance, au plus on est riche, au plus on gagne d'argent dans des investissements. C'est une spirale à comprendre et à initier le mouvement, pour le réaliser concrètement dans la matière. L'univers est richesse et abondance. Il suffit de s'accorder à cette richesse pour pouvoir en profiter réellement. Il est essentiel de ne pas manquer de quoi que ce soit pour profiter de la vie. Notre société fonctionne sur l'argent, alors autant en avoir car ça donne aussi un certain potentiel d'action pour pouvoir mieux aider autrui. Le confort et la nourriture de qualité a un prix.

Pour ne jamais être déçu par les gens en général, il suffit de comprendre que nos attentes se doivent d'être lucides. On n'attend pas quelque chose que la personne n'est pas en mesure de nous apporter. Certains ne sont pas équipés d'une âme, alors ne vous attendez pas à constater de l'humanisme émanant de ces personnes. On cherche le puits où l'eau est en abondance et à profusion. On n'attend pas Godot (celui qui ne viendra jamais) devant un puits asséché. Les excroissances de la matrice sont de la décoration, Certains peuvent être bienveillants, mais en général ils n'apportent pas grand chose car ce sont des coquilles vides à la base. Les gens humains, ceux qui ont l'âme ont une autre aura, un autre charisme, une autre présence, et ça se voit comme le nez au milieu du visage. Si vous constatez un individu sec, sans relief, sans esprit critique autre que les valeurs de la matrice, alors vous êtes en présence d'un sans-âme.

Certains assassins ont une âme. Prenez par exemple le fondateur de ce réseau social mondialement utilisé Facebook. Son président n'est en fait que la réincarnation de Hitler. Il s'est réincarné pour continuer son oeuvre nazie actualisée à l'échelle mondiale. La censure des véritables données scientifiques pendant la fausse pandémie est le même mécanisme que celui utilisé par les nazis il y a septante années. Ils ont brûlés tous les livres pour que le peuple reste le plus demeuré possible et donc malléable, pour manipuler la masse selon ses plans terroristes et satanique. Derrière les apparences se cachent des vérités étonnamment paradoxales ! Si je vous dis que Trump a vraiment gagné les élections américaines par 52% ? Et donc que le comptage des votes en ligne était vraiment piraté ! L'invasion du capitole était donc amplement justifié si on suit la déclaration des droits de l'homme : « quand le gouvernement viole les droits du peuple, l'insurrection est, pour le peuple et pour chaque portion du peuple, le plus sacré des droits et le plus indispensable des devoirs ».

On vous parle de connaissances, de progrès scientifiques, mais êtes-vous certains que ceux-ci sont vrais ? Qu'est-ce qui définit la vérité ? Qui a raison ? Alors que tout change en permanence, que les vérités d'aujourd'hui seront les mensonges de demain... Regarder dehors, voyez-vous vraiment du progrès ou plutôt du regret. La régression mentale de l'humanisme, la débilité environnementale, politique et sociale. On ne peut pas dire que tout va bien sur notre planète ! Le système doit être modifié dans ses racines. C'est terminé de faire l'esclave 40h par semaine pour un patron qui vous ordonne quoi faire pour se faire un maximum de fric ! Le monde a besoin de guérisseurs, de musiciens, de gens remplis de joie, qui respirent la vie, l'amour et la bienveillance. Tous les autres rabats-joie ne font qu'alourdir l'atmosphère. Énergétiquement, il faut créer la spirale qui pousse vers le haut, vers la légèreté, la lumière. On décide quelle voie choisir.

Ce sont les Illuminati qui ont assassinés Michael Jackson. Comme quoi parfois, voire même souvent, ils faut se méfier des médecins. Certains de ces personnages sont des pervers narcissiques. Il se prennent pour dieu car leurs pouvoirs leur est monté à la tête. On sait si un médecin est bienveillant lorsqu'on récupère rapidement sa santé après sa consultation. Seul le résultat compte. D'autres médecins ne soignent et ne guérissent rien du tout. Ils sont à fuir !

Cette crise sanitaire, ou plutôt cette création médiatique basée sur la peur, le martèlement incessant de données erronées, la censure des gens qui soignent, qui débattent, qui critiquent, qui réfléchissent démontre à quel point le gouvernement et le système veut notre endoctrinement et notre mort. Cette fois-ci, ils sont allés trop loin jusqu'à tuer le peuple. Ils ne peuvent plus se cacher très loin tellement le mensonge est gros. Dès lors, plus personne ne fait confiance en la politique et aux données médiatiques. Sauf les idiots, les moutons du troupeau qui croient ce qu'on leur dit à la lettre, obéissent sans poser de question. Certains défendent même la matrice et seront recyclés par elle à leur mort. Rien ne se perd, pas même le vide...

Toutes les personnes avec âme ont des gènes Anunnaki puisqu'on est des hybrides créés par eux. Nous sommes l'anomalie de leur système, le virus qui permettra de répandre et diffuser le message qui vise à faire comprendre aux gens la libération ultime du cycle de réincarnation dans la matrice. Ce monde est pourri jusqu'à l'os. Le temps de s'en rendre compte, de désillusionner, de tomber de son nuage rose, ça fait déjà quelques décennies de souffrances. Au final, c'est certainement pas que lorsqu'on atteint l'éveil, alors on vit au pays des Bisounours pour toujours ! Le monde n'a pas changé, mais enfin on a compris et assimilé que toutes ces constructions sont fausses. Depuis, les religions jusqu'à l'histoire apprise de façon obligatoire. Tout est faux, même la bible. On nous a menti et bombardé d'informations mensongères pour mieux nous utiliser comme un stylo, un râteau ou plutôt comme un mouchoir en papier. Ils nous formatent, nous utilisent, puis nous jettent. Le tout en prenant soin que ça leur rapporte du fric !

Certains ne croient pas dans toute cette réalité. Ils ne sont pas équipés pour penser. On leur a juste appris à obéir aveuglément et se soumettre, et non pas à réfléchir par eux-mêmes. Ça me rappelle une religion qui prône la foi aveugle en un dieu tout puissant sur un nuage ! On ne peut hélas rien pour les sauver. Ils défendent les valeurs de la matrice comme si leurs vies en dépendaient. C'est donc peine perdue par manque d'équipement génétique. Si les porteurs d'une âme ont de la génétique Anunnaki, les autres n'en ont pas. Donc il y a déjà un inconvénient à la naissance. On ne peut pas demander à un chameau de courir comme un cheval !

Concernant cette fausse pandémie, il s'agit d'une manoeuvre calculée de génocide à l'échelle planétaire. Pour un virus qu'on a pas isolé et qui tue moins que la grippe saisonnière. D'ailleurs, il n'y a même plus de grippe. On n'a jamais tout fermé pendant le grippe espagnole. C'est uniquement pour tuer économiquement les petits, pour que les grandes entreprises prospèrent encore plus car ils ont le potentiel à survivre voir ont d'avantage d'opportunités surtout dans le commerce en ligne. Ils ont effacé et censuré toute la médecine qui soigne les malades, pour promouvoir un vaccin tueur comme unique solution. Ainsi, des centaines de milliers de personnes sont en train d'en mourir. Même les test PCR ne prouvent rien tellement le seuil de positivité recueille la moindre miette de maladie. Les chiffres sont mensongers, tant sur les personnes hospitalisées en soins intensifs que sur les morts du covid .Aucune autopsie n'a été faite. C'est une construction élaborée par les Illuminati qui veulent instaurer une dictature mondiale où le citoyen encore vivant n'a plus aucune liberté. Le tout bien arbitré par la répression policière. Je n'ai qu'un mot pour contrer toute cette mascarade : la REVOLUTION !!

Je rappelle que les vaccinés sont en majorité. Pourquoi ? Car ce sont les sans-âmes qui obéissent ! La rébellion refuse les mensonges médiatiques orchestrés par les gouvernements. C'est pire que une honte de véhiculer des informations qui mettent en péril la santé des citoyens. C'est un véritable quatrième Reich qui se déroule actuellement au niveau planétaire. Nous allons vaincre, nous allons nous sauver de toutes ces politiques de nazis meurtrières! Nous allons nous libérer de la dictature et restaurer notre démocratie pour laquelle nos pères se sont battus voilà pas si longtemps !

Il est essentiel de nous unir tous. Rejoignez la rébellion proche de chez vous. Sur les réseaux sociaux, des groupes se sont formés pour partager les vrais informations pertinentes et réfléchies sur le covid. Les conspirationnistes, les complotistes, les terroristes sont les gouvernements ! Et ils nous faut lutter contre activement et par tous les moyens possibles et imaginables ! On ne peut pas faire confiance à un gouvernement qui ment pour mieux assassiner son peuple. La rébellion est grandissante jour après jour. Soyez certain que vous n'êtes pas seul à penser que toutes ces histoires de « politocards » sont un leurre... Tout ce qui vient d'eux n'est que de la corruption et de la manipulation médiatique de masses. Ça a toujours été le cas depuis la nuit des temps que les gens aux pouvoirs usent et abusent de leurs sous-fifres.

L'histoire raconte les victoires des conquérants. Mais le reste ? Où est la réalité historique ? Non, les pyramides ne sont pas des tombeaux. Ce sont des machines servant aux transferts des âmes. Elles furent construites par les Horus, ces extraterrestres oiseaux qui eux n'ont pas l'âme et donc ils sont mortels et pas éternels comme nous. Ils ont besoin de capturer notre âme pour survivre à leurs propres existences. Ils ont toujours présents de nos jours. C'est ainsi que le vaccin contre le covid favorise la sortie de l'âme du corps tellement celui-ci est en souffrance par les injections de ce poison tueur. Voilà le but réel de la campagne de harcèlement par la vaccination. La survie de leurs peuple en dépend car ils sont en fin de vie. C'est maintenant que tout ce joue. Ils ont tenté de nous tuer, de nous emprisonner chez nous, de nous faire mourir de solitude et de séparer pour mieux nous laver le cerveau par la télévision et les réseaux sociaux censurés des vraies informations. Mais, au plus ils opéraient cette manoeuvre, au plus les gens ont compris le piège gros comme une maison. Les gens se sont pas dupes et certains se sont éveillés à la conscience universelle et donc se sont libérés. Les Horus ont donc déjà perdu la bataille.

Le Dalai-Lama n'a pas l'âme. Je me suis demandé alors qu'il exhortait les bouddhistes à aller se faire vacciner, pourquoi lui ? Un

Bouddha n'est pas au courant de la réalité de cette mascarade ? J'ai ainsi testé énergétiquement par la technique de Pranic Healing et je n'ai pas touché d'âme ni dans son corps, ni en dehors. Moi qui suit et boit ses paroles depuis trente ans, je tombe des nues. Il est donc une excroissance de la matrice à son service et défendant ses valeurs pour mieux soumettre et contrôler les populations ! Effectivement, on ne peut faire confiance en rien ni en personne à part soi-même. Le Bouddha Siddharta avait bien dit : « soyez à vous-même votre seul refuge ». Mais également : « si tu vois un maître, tue-le ». Le principe était que chacun devienne autonome, indépendant et surtout libre totalement et complètement ! Après tout, il n'a pas fondé le bouddhisme. C'est Padmasambhava qui l'a fondé.

Et je pense bien que le principe de compassion ou d'amour inconditionnel doit être révisé. On se doit de résister et de combattre lorsqu'on nous agresse et nous enferme pour mieux nous laver le cerveau puis ensuite  nous tuer. Non, on ne doit pas tendre l'autre joue non plus. La compassion est une connerie qui a provoquée l'extermination des bouddhistes par les chinois. On ne répond pas à quelqu'un qui nous assassine en lui faisant un bisou ! Il faut réagir et se battre ! Laisser faire c'est participer au complot mondial et s'y soumettre. Se rebeller est une obligation légale quand les lois sont devenues illégales et visent comme objectif la mort du peuple. Ils ont un bon moyen de promotion de leurs arnaques : les médias... Les médias sont les nouveaux prostitués aux services de la dictature de par leur fake news déformées et leurs mensonges. Ils ne font que répandre la terreur et le dramatique pour contrôler les comportements des populations. La vérité est ailleurs...

Désobéir est un devoir de citoyen quand le gouvernement ment, tue son propre peuple en prétendant le protéger et le sauver. Ça rappelle le comportement du pervers narcissique ! Devant un gouvernement qui matraque des citoyens qui osent prendre le soleil dans un parc au printemps... Devant un gouvernement qui mitraille d'amendes tous les contrevenants qui ne se soumettent pas à leurs lois illégales... Devant un gouvernement qui nous prend pour des cons... Vive la révolte la plus élaborée et la plus organisée. Dès lors, plus la peine d'obéir, de se plier aux ordres, de payer pour le fait de vivre sa vie normalement. C'est terminé tout ça ! Vive l'anarchie organisée ! Rejoignez la rébellion. Nous sommes partout. Il suffit de communiquer et vous nous trouverez, sur tous les réseaux sociaux et également sur Télégram...

Les sans-âmes sont présents sur Terre comme masse. Je veux dire tout ce qui pèse, qui alourdit, qui ralentit, qui nuit. Sans eux, les gens s'éveilleraient très rapidement. C'est pourquoi la matrice est un piège dont il faut s'en sortir. Pour cela, il faut comprendre l'arnaque et le pourquoi de ce leurre. L'éveil doit se vivre. Ceux qui se disent maîtres ascensionnés, archanges, anges, démons, etc, n'ont pas le courage de s'incarner pour vivre l'expérience de la matière. Il faut du courage pour accepter cette mission. On s'est presque fait avoir d'avoir dit « oui ok pour cette mission ». Les sans-âmes vous en font voir de toutes les couleurs possibles et inimaginables. Les parents nous conditionnent en nous envoyant à l'école où on nous lave le cerveau avec des mensonges dans le but de servir l'état. Le temps de se rendre compte que la vie c'est pas ça, on est déjà à la retraite ! Éveiller vous jeune ! Éveillez-vous tôt ! N'attendez pas Godot, celui qui ne viendra jamais en vous ridant assis à attendre le temps qui passe... Passez à l'action pour votre éveil ! Allez dans la nature, méditez, chanter, danser, manger, faites l'amour, vivez, profitez ! On accède à l'éveil en intégrant toutes les expériences possibles.

Je pensais que si j'avais eu des problèmes avec les sans-âmes c'était par simple jalousie de mon potentiel et par leurs simples bêtises. En réalité, ça cache un plan plus vaste, celui de la matrice. Tout ce qui plombe, c'est la masse. Ceux qui n'ont aucune empathie, qui sont grisonnants, lymphatiques, sont les sans-âmes. Tout ceux qui sont rayonnant, joyeux, radieux, qui irradie de bonheur sont en général avec l'âme. On le sait intuitivement, et on peut le confirmer par le toucher énergétique en faisant un testing. C'est très important de savoir ce qui se cache derrière les apparences... Parfois, des sans-âmes peuvent être très beaux et attractifs selon les valeurs de la matrice, mais en vérité ce sont des bouts de cartons ! Ils seront recyclés à leurs morts, puis remis en circulation !

Les aliens camouflés derrière les apparences humaines sont de natures vils et fausses. Leurs objectifs restent toujours de prendre notre énergie par n'importe quel moyen. Ils adorent qu'on perde notre temps aussi dans des chemins de traverses qui ne mènent qu'à des cul-de-sacs. Certains sont capables de meurtres, de violer des petits-enfants, etc... Et d'un point de vue médiatique, ces gens connus pour certains, passent pour des héros honorables et honorés. Tels sont les rouages de la matrice et son cirque théâtral...

Du pur mensonge de A à Z. Si une personne est connue et reconnue, c'est en fait car elle a été pistonnée par d'autres personnes qui se croient puissantes. En coulisse, tout est arrangé pour qu'on crée une personnage, une tendance, un mouvement nouveau, une coutume, une habitude commerciale !

Concernant la maçonnerie, je pensais jusqu'à lors que c'était des gens bienfaisants. Mais en réalité, si on regarde sur le diplôme de 33ème degré qui est le degré le plus élevé, on voit mentionné « ordo ab chaos » : « l'ordre par le chaos ». En d'autres termes, ce sont eux les responsables de la pandémie depuis les labos de big pharma. Ils créent le chaos pour venir représentés en sauveurs de l'humanité instaurer un nouvel ordre mondial. C'est réel, ça se passe en ce moment selon un plan établit depuis des dizaines d'années ! Non ce n'est pas la faute du hasard, ni du pauvre pangolin ! C'est la faute des maçons ! Tout est élaboré selon des schémas de guerres, de désinformations et de contrôles des comportements par la peur, diffusée sans limites par tous les médias achetés. Qui contrôle les médias, contrôle le troupeau de moutons. Ils disent bien que ceux qui désobéissent sont complotistes, fous, idiots, irresponsables, cons, ou d'extrême droite voire d'anti-sémites !

En réalité, ce sont tous les scientifiques, des lettrés qui ont plus de CV et d'expériences que tous ces intérimaires de pseudo-experts à la con qui passent à la télévision. Qui peut encore croire ce qui est dit à la télévision ? Certainement les sans-âmes puisqu'ils entretiennent et défendent les idées de la matrice ! Ils veulent que tout le monde pense comme eux, de façon unique comme un robot. Ils n'ont jamais suggéré ou appris aux gens à penser par eux-mêmes, exhorter les gens à l'esprit critique, à ouvrir les yeux sur les véritables connaissances réelles mais cachées. Cachées car il ne faut surtout pas que les gens se rendent compte et prennent conscience du piège. Sinon, ils n'obéiraient plus à être un esclave et faire un job à la con pendant leur vie entière jusqu'à qu'ils soient grabataires ou morts !

Les sans-âmes sont exactement comme des fourmis. Ils obéissent sans se poser de question car c'est comme ça et pas autrement, et pour eux la vie est ainsi faite ! Ils possèdent la conscience de la fourmilière bien matérialiste et de faible vibration. Si une fourmi meurt, une autre fera son travail. C'est exactement ce qui se passe dans les sociétés. On prend un ouvrier, on en tire le maximum de bénéfices pour le patron en le payant un salaire ridicule, et on le jette quand il est foutu, pour en prendre un nouveau bien frais ! Dans ce fonctionnement archétypal, qui est donc la reine alors ? Ce sont des sans-âmes à la tête des multinationales, ceux qui se croient au sommet de la pyramide économique. Le principe est de propagander que tout le bonheur et les honneurs sont dans le pouvoir économique. Ainsi, on obtient des gens obsédés par l'argent, jaloux par ceux qui en ont plus qu'eux, et qui vont consommer à outrance, même dans des choses obsolètes. Ils vont dépenser beaucoup d'énergie, ne pas en dormir la nuit pour atteindre ce rêve construit de toute pièce par la matrice. La riche reine tire les ficelles de l'esclavagisme... Pour eux, c'est ça le sens de la vie !

Les fourmis n'aime pas les gens différents, les gens qui sortent de l'ordinaire. Pour eux ça n'est pas normal. Il sont comme des soldats d'une armée qui marchent au pas en silence et le dos bien droit. Il peuvent avoir 160 de QI et pour autant ne pas avoir de conscience. Ils sont ainsi qualifiés d'intelligents et de hauts potentiels pour servir la reine et le fonctionnement de la matrice. Dès lors, les personnes qui vivent en conscience, qui ont l'âme, les originaux sont rejetés par les fourmis car ils ne rentrent pas dans leurs cases.

Les éveillés sont donc les ennemis de la matrice. Ils sont là pour une mission très spécifique : accomplir leurs propres éveils spirituels pour ensuite tendre à passer le message aux autres potentiels en cours de réalisation. Restez aussi attentif à ce que ce n'est pas parce qu'une personne à l'âme, que c'est une bonne personne. Hitler avait l'âme et sa réincarnation est Zuckerberg. C'est la suite logique que Facebook censure les véritables données de la fausse pandémie pour participer activement à l'intoxication de données biaisées pour le grand public ! On remarque que ce que disent ceux qu'on qualifie de complotistes, se révèle vrai et réel dans les mois qui vont suivre... En cette époque charnière pleine de changements, il est bon de cultiver ses capacités d'adaptations. Seuls le plus intelligents et habilles seront sauvés. Les autres tomberont malades à cause du vaccin, même pas à cause du covid !

Au supermarché, les gens qui s'écartent encore à un mètre cinquante des autres sont dignes de la débilité mentale profonde ! Ils sont les pigeons à s'être fait vacciner, et ont encore peur planqués derrière leurs masques, et continuent d'obéir loyalement à la tyrannie gouvernementale comme des fourmis qui obéissent à leur reine. Ils ne sont pas équipés pour réfléchir ou penser par eux-mêmes car ils n'ont pas l'âme. C'est tout juste si on peut les qualifier d'humains, mais plutôt de zombies sans aucune émotion ni humanité. Ne parlons pas d'humanisme, car pour eux il s'agirait d'obéir au gouvernement pour être moral. Les autres ne se rendent même pas compte de la supercherie car en fait ils sont trop occupés à se battre pour faire l'esclave pour gagner de quoi manger et payer ses factures.

La machinerie doit s'arrêter maintenant par ces changements mondiaux qui sont en train de se produire partout. Cette rébellion généralisée des gens plein de bon sens et qui connaissent les données scientifiquement observables va changer la face du globe ! Nous allons vers une révolution mondiale globale. Un changement radical de mentalités et une prise de conscience pour énormément de monde. Les gens s'éveillent enfin ! Cette histoire contée uniquement par les médias est une bénédiction car le peuple a pris le temps de remettre en question le fonctionnement général de notre société. On sait maintenant combien ils mentent, comment ils désinforment les populations, pourquoi ils s'affichent en sauveur, alors qu'ils sont occupés à assassiner le peuple. Tout cela est orchestré par les cartels des lobbys et leurs interactions pécuniaires avec la politique. En effet, n'importe quel politicien se fera acheter pour trois sous. Pour mener cette opération de dictature mondiale, ils sont infiltrés toutes les strates des commandes de la société, même au niveau judiciaire, pour rendre « légal » ce qui corrompt toutes les dispositions d'après seconde guerre mondiale. Notre démocratie et nos libertés fondamentales sont en danger réellement. Nous avons l'obligation de nous battre pour défendre nos valeurs qu'on nous a retirées sous prétexte de pandémie. C'est un grand mot car il y a dix fois moins de mort que la grippe saisonnière chez les personnes âgées. Grippe qui n'existe plus tout d'un coup, mais fait place à la dénomination covid...

Ma canalisation raconte qu'il va y avoir un milliard et demi de morts causées par le vaccin. Bien sûr, ils diront qu'il n'y a aucun rapport. Mais, la démocratie vaincra et on va gagner cette troisième guerre mondiale. On instaurera dans le futur des nouvelles conventions pour empêcher que ça ne se reproduisent à l'avenir. D'ici là, chaque action contre la dictature sanitaire est importante, tout moyen pour lutter est important. Il convient de s'organiser et de se regrouper pour être fort et efficace. Nous allons ainsi réussir à terminer cette guerre orchestrée par des fous sans âme ni conscience, sans humanité, ni foi, ni loi !

J'ai donc canalisé qu'il y aura un milliard et demi de morts causés par le vaccin. Si c'est correct, comment vont-ils camoufler les décès pour les gens qui restent ? Par la censure des partages de données ? C'est déjà le cas mais toutes les infos passent quand même les mailles du filet de la matrice ! Le fait que le gouvernement essaie d'empêcher que les gens prennent conscience de la supercherie rend encore plus crédible la réalité et l'éclosion de la vérité au grand jour. Même les vaccinés doivent passer par cette voie pour comprendre de leurs erreurs. Ça reste une voie quand même ! Une voie qui va coûter cher. Mais au final, il convient de savoir lâcher prise sur ceux qui ont fait ce choix. C'est leur vie ! Pour nous, protégeons-nous du vaccin car notre vie en dépend. C'est effectivement une injection de poison mortel et les autres auront été prévenus depuis longtemps !

En ce qui concerne les conditionnements qu'on nous a inculquer et obliger à apprendre, mémoriser depuis notre enfance, il faut désapprendre tout ce qu'on nous a appris. Ainsi, l'esprit est libéré de ses visions erronées et peut circuler à nouveau avec son aspect septique et critique. Il faut ouvrir le débat entre les opinions divergentes. C'est cela qui fait la qualité de parler d'un sujet, lorsqu'on dispose de la liberté d'apprécier ses propres opinions comme vérité pour soi-même, indépendamment de l'opinion des autres, et, ou, de la pensée commune communiquée par les médias au service de la dictature ! Restons critique, prudent, scientifique, médical, mais ne soyons certainement pas politique et médiatique !

Il doivent faire croire que le vaccin va marcher, leur solution présentée comme miraculeuse et unique. Or, ce n'est pas le cas.

Pourquoi présenter un produit gratuit que nos impôts paient si ce n'est pour engranger des milliards et par de la même occasion tuer le peuple ou le rendre malade. Il faudra ainsi encore le soigner et cela génère encore du fric ! C'est tout bénéfice pour cette maladie qui se soigne si on n'obligeaient pas les médecins à ne rien prescrire que du paracétamol par protocole fédéral... Heureusement la planète s'éveille et les gens savent et manifestent partout dans le monde contre la dictature qu'on nous impose. Les 75% de gens sans âme continuent eux à faire masse pour rentrer dans le rang de la majorité non pensante, mais obéissante car c'est « normal » ! J'ai touché les énergies planétaires à 500000 bovis après un de mes envois de Reiki pour la planète. Je fais des cycles de 21 jours régulièrement pour aider celle-ci dans ce passage riche en transformations. Nous vaincrons cette guerre contre le peuple ! Nous avons déjà gagné car nous nous sommes éveillés.

J'ai attrapé le virus et je peux vous dire que c'est pas une grippe naturelle. Ça sent l'arme biologique conçue pour tuer. Ça déshydrate et provoque la diarrhée en même temps, pour sécher au maximum. Ça coupe l'appétit pour ne plus avoir la possibilité de réagir par manque d'énergie. Ça fait tousser en position allongée, pour ne plus pouvoir dormir pendant plusieurs jours d'affilée, et conduire à l'épuisement. C'est donc un virus créé pour tuer.

Certaines odeurs et goûts ressentis pendant la maladie évoquent une donnée artificielle... On nous a jamais révélé l'origine de la pandémie. Et de toutes façons, ces menteur de médias se contredisent quand ça arrange leurs manipulations, ou simplement pour emmerder de plus belle !

Le pire quand on tombe malade, c'est qu'on nous soigne pas. On nous file des pastilles de plantes aux vertus nulles et des vitamines en nous disant que les complications se traitent à l'hôpital ! Le médecin qui m'a sorti ça, je ne retournerai jamais chez lui ! Le serment d'Hippocrate stipule bien de ne pas nuire aux patients ! L'ordre des médecins doit s'occuper de ces pseudo-charlatans dans son style !

Ma compagne est en soins intensifs. Le médecin me dit que l'Hydroxychloroquine ne fonctionne pas, ni l'Ivermectine, ni la thérapie plasmatique et le Plaquenil. Pourtant, en Italie et dans d'autres pays, les patients guérissent avec ça. En attendant le cortisone fonctionne pour les poumons. Ma femme va mieux de jour en jour. On a baissé l'oxygène et si ça continue, elle pourra sortir des soins intensifs d'ici quelques jours ! Je suis heureux.

Ça ne change pas la donne concernant le complotisme. On ne nous a pas soigné dès les premiers symptômes, le temps que ma femme se retrouve sous cinq litres d'oxygène à la minute !

Il y a des traitements, on les a reçu d'Italie par la famille, provenant de médecins qui osent prescrire indépendamment de l'interdiction protocolaire gouvernementale qui dit presque de laisser crever les gens. Si je n'étais pas intervenu en tant que fils du fondateur de la mutualité Euromut, en demandant au président de la mutuelle de soigner ma femme qui est aux soins intensifs, lui aurait-t-on donné ce médicament expérimental antiviral ? (de l'Ivermectine en fait). Qui dit la vérité finalement que sur le terrain, les médecins font tout ce qu'ils peuvent pour sauver les patients avec le peu de moyens qu'on leur donne ! Face à a mort, on est tout petit et je n'ai même plus envie d'en vouloir à ceux qui m'ont fait du mal par le passé. Plus de temps à perdre en rancoeur. De toute façon, la vie s'en charge aussi.

Seul l'amour compte, l'amour éternel avec ma femme qui va m'épouser prochainement, l'amour pour la famille, l'amour pour les véritables amitiés bienveillantes. Voilà la vie. L'argent a perdu sa valeur face à la mort. Et ceux qui m'ont volé et utiliser par le passé sont stupides et cons... Pour si peu de choses en réalité ! L'intelligence de la vie est beaucoup plus importante. C'est cette conscience universelle, cette unité qui nous unis tous sur le même piédestal. Ne croyez pas que les autres ont une vie meilleure pour diverses raisons. Tout le monde souffre, même les Bouddhas ! Mais ceux-ci comprennent le sens profond des événements qui nous arrivent. Il y a toujours une leçon a apprendre derrière les apparences, toujours !

Je remercie le corps médical qui est occupé à soigner enfin ma femme du covid. Que Bouddha les bénissent et les protègent tous ! Je demande et j'invoque une pluie de bénédiction pour les centaines de personnes qui ont priés, et envoyés des messages de soutien à ma femme et moi-même. La famille est unie et s'entraide de façon fonctionnelle dans les besoins essentiels ! Merci ! Merci ! Merci ! Mais si les médecins avaient prescrit de la cortisone avant de se retrouver sous oxygène, alors on aurait pu éviter l'hospitalisation !

Les gens descendent dans la rue partout dans le monde contre la dictature. Oui nous avons le droit de refuser un vaccin, nous avons le droit de travailler sans pass à la con. Oui nous sommes libres ! Même les policiers se mettent du côté des manifestants ! Dans cette guerre contre le peuple, nous allons gagner car nous sommes tous unis et réunis. Oui, nous allons gagner ! Le nouvel ordre mondial ne nous soumettra pas, jamais ! Même au parlement européen ça bouge, dixit une dame de la commission européenne ! Le mal ne peut pas gagner. Le bien triomphera ! L'amour vaincra ! Il en a toujours été ainsi car ce sont les lois universelles ! Nous ne sommes pas des électrons solitaires, nous sommes interreliés universellement dans un but commun. Celui de la libération ultime par l'éveil complet. Tout le reste ne sont que des qu'illusions... Les apparences de la matrice sont trompeuses. Perte de temps, gains d'argent, ne sont pressés que ceux qui ont une montre et n'ont pourtant pas le temps, car « time is money ! ».

Non, la vie c'est autre chose ! La vie vaut plus que ça ! L'amour n'a pas de valeur financière et donc il ne s'achète pas. On passe toute sa vie à chercher l'amour, alors qu'il est là, en soi, et qu'il faut commencer par là pour pouvoir aimer les autres qui le méritent par la suite. L'amour est la seule puissance qui construit tout. La haine est la puissance qui détruit tout dont celui qui haït avec. Ce n'est qu'en sublimant l'amour pour soi et pour autrui qu'on parvient à faire progresser l'humanité vers la lumière.

Concernant, la prise en charge médicale en cas de covid, c'est nul. Il s'agit d'un véritable canular de donner des vitamines le temps d'attendre de se retrouver sous oxygène à 5 litres par minute ! Certains médecins sont des criminels qui doivent être juger comme tels et être pendu à l'ancienne. J'ai failli perdre ma femme qui s'est retrouvée aux soins intensifs pendant une semaine. Moi je m'en suis sorti en pratiquant le Reiki en permanence pendant deux semaines, et en recevant un Reiki par jour d'un ami maître Reiki. Le Reiki augmente la réponse immunitaire de façon significative et minimise les effets délétères du covid. J'ai chauffé une semaine à 38 degrés et toussé un peu, c'est tout ! Ma compagne ne pratiquait pas intensivement comme je le faisais et s'est ainsi retrouvée à l'hôpital. Aujourd'hui, elle est sortie enfin, avec un traitement expérimental qu'on se demande si c'est pas le placebo sucré? Ça serait gag mais possible au vue de la bouffonnerie généralisée d'actualité !

Tout ça pour vendre des vaccins inutiles car les gens vaccinés se retrouvent quand même en soins intensifs. Normal, si on ne donne que du paracétamol ! Les salopes ! Tout ça pour quelques milliards, ce cinéma de mauvaises augures médiatiques et politisé par des créatures immondes et corrompues ! Quelle honte ! Et un pass sanitaire pour laisser passer les imbéciles au restaurant à se goinfrer comme des patates ! Le monde est devenu un monde d'idiots... Une idiocratie !

Heureusement, la rébellion s'est organisée et est particulièrement active. Toute l'Italie est descendue dans les rues manifester. Ainsi que la France entière contre l'instauration de ce régime nazi ! La vaccination pourquoi si on tombe quand même malade ? Les médecins qui ne peuvent pas prescrire les médicaments qui soignent et guérissent du covid car sinon ils sont poursuivis par l'ordre des médecins corrompue elle aussi. Tout ceci est le plan orchestré par ce 1% : les pédophiles satanistes pour qui nous sommes un morceau de viande ! C'est ça la réalité de notre société pourrie ! C'est dur à avaler, mais cherchez les preuves et vous les trouverez. Simplement dans les témoignages de monsieur tout le monde qui ont l'âme ! Pas les bouts de cartons sans âme au service de la matrice, ces moutons qui ne font que brailler : vaccinez-vous, obéissez, rentrez dans le moule, etc... !

Ce virus n'est peut-être même pas un virus car il n'a jamais été isolé. Certains médecins ne se font pas vaccinés car savent qu'on est dans une phase d'expérimentations. Les décès liés au covid viennent du fait qu'on ne donne pas de médicaments et même qu'on interdit par protocole politique de prescrire pour guérir ! De plus, il y a de la magie noire dans cette pseudo-pandémie. L'âme se détache du corps quand on tombe malade du covid mais également lorsqu'on se fait vacciner. Voilà ce qu'ils cherchent a faire : empêcher l'éveil spirituel des personnes avec âme ! Tuer aussi les populations. C'est maintenant démontré que c'est une création de laboratoire !

La théorie de Corrado Malanga est vraiment stupéfiante concernant les sans-âmes ! On n'imaginait pas que 3/4 des gens ne l'ont pas et causent ainsi des problèmes à ceux qui ont l'âme ! Tout s'explique enfin avec cette théorie ! C'est presque un soulagement de se savoir au milieu de zombies qui bossent comme des fourmis pour les pédophiles au pouvoir ! Moi aussi je me suis fait violer par deux hommes qui m'ont chloroformé quand j'avais 9ans... Je sais de quoi je parle que, ayant récupéré ce souvenir trente ans plus tard et allant déposer plainte à la police, celle-ci me dit : » on ne fera pas d'enquête sauf si vous savez qui c'est ! ». Ils couvrent donc les pédophiles car ce sont leurs patrons !

D'autres auteurs ont parlé de ce cas de pédophilie partout, surtout dans l'église catholique car c'est le fief des aliens Anunnakis. Tout est fait pour avoir les apparences de quelque chose de sacré. Or, c'est véritablement Satan qui est le maître de l'église catholique ! Satan est réputé pour sodomiser les gens et surtout les petits enfants ! La religion est au sens propre du terme : se la faire mettre dans le cul ! Et je reste poli car de bonne famille en disant cela ! Jésus n'a jamais existé en réalité !

On a construit des religions pour endormir l'esprit des populations par des obligations jugées sacrées. En projetant la peur et la culpabilité en cas de non soumission, ces hommes ont créé des générations entières d'hypocrites qui sont l'opposé du message initial des maîtres qu'ils glorifient. Les religions paralysent ainsi la liberté de pensée et d'action, et formatent les gens à adopter un comportement défini par leurs préceptes.

Analysons les anciennes théories censées apporter la paix et la sérénité sur la Terre. Jésus a apporté un message d'amour révolutionnaire, et on l'a crucifié en retour. Bouddha Siddharta a quitté tous ses avoirs matériels pour méditer et atteindre l'éveil complet. Il a enseigné toute sa vie pour mourir empoisonné par des champignons mortels servi par l'un de ses disciples.

Sur notre planète, les personnes bienfaisantes peuvent être réduites à néant par les personnes mal intentionnées. Celui qui sort des sentiers battus aura tout le troupeau de moutons contre lui. Certaines personnes peuvent être bêtes et méchantes, dans leur ignorance. Ils convoitent dans la dualité de leurs existences ce qu'ils ne peuvent atteindre. Ce sont des jaloux égoïstes qui, faute de réaliser leurs rêves par manque de moyens ou de volonté, vont ruiner la vie des autres. Ces personnes sont les parasites qui prolifèrent sur notre planète... Si le monde va aussi mal, c'est car il est rempli de personnes de ce type. Globalement, la planète Terre est la Terre de la souffrance. L'enfer est sur Terre.

Il ne faut pas se voiler la face, les religions font la promotion de la paix et de l'amour, mais en réalité ça cache des institutions financières qui valent des milliards, notamment en investissements immobiliers. Entre toutes ces religions, c'est la compétition pour qui a raison et qui a tort, qui prie correctement et mieux que l'autre, quelle est la meilleure religion et la véritable parole sacrée à appliquer.

On a la tendance à prendre en considération dans la religion des parties qui considèrent les femmes comme des tentations sexuelles pour les hommes, et on oublie le rôle important de la femme et du couple au sein de la vie religieuse. Dès lors, on rabaisse le rôle de la femme dans la société civile, au lieu de remettre en question l'éducation, l'enseignement des hommes.

Se soumettre aux préceptes vieux de plusieurs millénaires sans jamais les réviser ou les adapter à notre société contemporaine n'est pas rusé. Notre monde est en changement constant. Il convient de s'y adapter. Les modes de fonctionnements varient au cours du temps. Pourquoi alors ne pas les modifier au lieu de les conserver rigides. Ils restent inchangés ainsi que notre interprétation des textes jugés sacrés. Hors, tout est impermanent et en perpétuel changement dans l'univers...

En Inde, on ne peut pas toucher les vaches, mais ici en occident, on les mange volontiers. Toute cette hystérie culinaire est-elle raisonnable ? Alors que certains mangent du cochon, et d'autres  se l'interdisent parce que c'est écrit dans les textes, et que c'est sacré et sacrilège de ne pas respecter les écrits saints !

Gardez des oeillères mentales est limitatif. Suivre le troupeau sans déployer son esprit critique est aliénant. La religion n'est pas source de spiritualité et de bonheur. C'est une arnaque, un piège pour l'esprit, une cage peinte en dorée ! C'est un mensonge a l'échelle planétaire !

On se pose la question : de quels droits la religion qui connaît une vague de pédophilie en son sein, continue-t-elle à oser faire la morale à ses adeptes avec de tels comportements? C'est de la faute à l'église qui a construit des règles abjectes d'abstinence sexuelle. L'humain n'est pas fait pour ne pas avoir de relations sexuelles. Dès lors, la pédophilie est la soupape qui signale l'énorme défaut des constructions religieuses.

La conception sexuelle est pure. C'est la religion catholique qui a jugé cet acte normal d'impur et a émis de la culpabilité pour le sexe avant le mariage. Se faire plaisir est satanique et sacrilège. Je pense que ce n'est pas la sexualité qui est sale, mais bien la religion et ses concepts que personne ne suit en réalité, encore moins les prêtres. Imposer un comportement qu'ils ne suivent pas eux-mêmes est une supercherie de fausse propagande.

En fait, il faut distinguer les règles morales et la faiblesse humaine. L'enseignement de Jésus qui disait : « que celui qui n'a jamais pêché jette la première pierre », nous apprend qu'il faut avoir conscience de nos défauts d'humains. Mais ce qu'on aperçoit, c'est que les instances dirigeantes étouffent ces histoires, et parfois des témoignages ressortent cinquante années plus tard. Il faut rajouter à ça, tout ce qu'on ne sait pas !

Pourquoi les adeptes du bouddhisme qui prônent la paix et sont les plus pacifiques, tuent la minorité musulmane des Rohingyas à la frontière de la Birmanie ? On parle de génocide, et la responsable politique décorée du prix Nobel de la paix se mure dans le silence. En couvrant l'histoire, elle participe à ce massacre.

Au milieu de ces points de repères devenus obsolètes, il est grand temps d'effectuer des changements importants. Pour y arriver, il est temps de commencer par changer la vision de son esprit sur les choses. Il faut voir d'une façon libérée et dénuée des schémas vieillis qui n'ont pas donné de résultats satisfaisants en plus de 2500 ans. Des guerres de religions, des séparations dues aux différences culturelles, et à l'évangélisation forcée des populations, la religion est une hypocrisie mensongère quelque soit sa forme.

Libérez votre esprit des clichés, des concepts démodés. On reconnaît un arbre à ses fruits. Bien sûr, il y a encore du bon dans toutes ces religions et philosophies, tout n'est pas sombre. Mais il faut juste se libérer de l'ancien pour accueillir la nouveauté. Adapter les besoins spirituels en fonction de notre civilisation actuelle est indispensable pour être efficace et apporter des résultats positifs et durables. Et si on travaillait sur des bases neuves pour obtenir des résultats différents ?

Regardons ce que l'éducation nous apprend. On nous apprend à l'école à travailler, devenir un outil au service d'une société, une multinationale de laquelle on devient l'esclave, heureux d'être un pion jetable si plus suffisamment rentable. Faire de l'argent pour manger, payer ses factures, acheter des choses, des voitures, des maisons, investir, vivre, réussir... Et mourir en laissant tout le résultat matériel de toute notre vie ici-bas loin de notre âme !

C'est le sens de la société capitaliste qui fait le promotion du bonheur dans l'avoir. « J'ai donc je suis ». Quelle est le sens de la vie ? Quand on aura compris que ce n'est pas de posséder une maison ou un capital, mais tout simplement être heureux ici et maintenant avec ce que vous avez déjà, on pourra commencer le travail.

L'acte d'éveil de la conscience est un acte volontaire qui demande des efforts, du travail et du temps. On investit pour l'éternité et pour son âme. Les valeurs qui comptent ne sont peut-être pas dans votre voiture et votre assurance antivol, mais peut-être dans les valeurs humaines qui ont tendance à se perdre. Ce sont les valeurs fondamentales qui nous font du bien : un sourire gratuit, une aide bénévole qui ne rapporte pas d'argent, une donation d'une heure de son temps pour venir en aide à un ami.

Bien sûr, le confort est important. Surtout l'hygiène de vie. Un toit propre, de la nourriture saine, de l'eau, de l'électricité. Les besoins premiers ne sont pas à négliger. C'est quand le trop ne comble plus le vide, qu'il convient de se remettre en question. Posséder une base matérielle stable est indispensable pour sa santé physique et mentale, pour vivre correctement et sainement.

Certaines philosophies négligent le matérialisme. Sans vouloir être quelqu'un qui n'a pas de quoi se nourrir, se soigner lorsqu'il est malade, s'acheter des vêtements pour se vêtir, avoir un toit chauffé en hiver, tout cela sont les besoins naturels de confort et de bien-être. Qui a dit que le spirituel ne rime pas avec matérialisme ?

Les besoins vitaux ne riment pas avec le fait d'avoir du désir. Dans le bouddhisme, le désir est un ennemi. Il provoquerait même le cycle des renaissances, et à pour conséquence de demeurer dans le samsara et donc dans la souffrance. Pourquoi ? Le désir est la vie, avoir envie de quelque chose, de quelqu'un, de sa compagne ou de son compagnon est normal et naturel. C'est ainsi que la procréation se produit ! Le cycle des naissances et non des renaissances ! Les bonheurs de l'existence humaine sont également de savourer un bon repas en bonne compagnie.

Les religions conditionnent le peuple à vivre humblement alors que les représentants religieux sont bien logés et bien nourris. Ils reçoivent leurs salaires de l'état. S'ils ne peuvent pas se marier, c'est pour un soucis financier. Une famille à nourrir coûte plus cher qu'un homme seul. Cette situation provoque des débordements d'abus sexuels dont on ose enfin parler après des milliers de viols et de témoignages étouffés et neutralisés.

Si je vous disais que certains monastères de nonnes ne sont là que pour servir aux prêtres des esclaves sexuelles prêtes à assouvir leurs phantasmes avec la foi ? Les nonnes sont mariées à Jésus dont elles sont leurs servantes dévouées... Elles portent même la bague, symbole de cet union pour la vie, jusqu'à ce que la mort sépare... Une fois de plus.

L'égalité entre les sexes n'est-elle qu'un mythe ? Les salaires des femmes sont presque partout inférieurs à ceux des hommes ? Pourquoi ? S'il est physiologique que la femme développe moins de force musculaire que l'homme, déploie-t-elle moins d'énergie pour autant dans l'accomplissement de son travail ? Pourquoi les valeurs d'égalités ne sont que dans les théories idéologiques ? En pratique, ce n'est le cas nulle part.

Les religions apprennent à vivre avec les autres de leurs communautés. Religion vient du latin « relegere » qui veut dire relier. Au lieu de relier toutes les communautés entre elles, elle les isolent voire même les combattent ! Un certain fanatisme religieux nous pousse à se soumettre à un Dieu aveuglément au nom de la foi, sans un esprit critique. Faire confiance et ne pas dévier des saintes lois établies, sinon la punition sera appliquée.

Cette condamnation ne sera peut-être pas effectuée immédiatement, mais en tout cas vous irez en enfer pour avoir oser renier Dieu ! La projection de la peur est appliquée directement, et sinon la menace de représailles si on n'obéit pas à cette dictature déguisée sous le masque d'une adhésion salvatrice à la foi !

Je pense qu'il est temps de sortir de l'ignorance, de voguer vers des sphères de conscience plus libre et surtout dégageant d'avantage d'amour et de compassion réelle. Rien ne vous oblige à croire. Rien ne vous oblige à ne pas croire. Vous êtes libre. C'est vous qui fixez vos limites, vos barrières mentales. Libérez votre esprit de ces vieux schémas de conditionnements de collégiens.

Je pensais également à des êtres comme Jeanne d'Arc. Cette personne a changé l'histoire de France, et finalement s'est retrouvée brûlée sur le bûcher quand on n'avait plus besoin d'elle. La religion, cinq-cent ans plus tard, l'a canonisé comme une femme sainte ! Est-ce juste une erreur de parcours ? Politiquement, on utilise les gens comme des outils, puis on jette quand on en a terminé. Sommes-nous un rasoir jetable, un mouchoir ou un coton-tige ? Je ne pense pas que nous soyons limités à ce karma...

Regardez au-delà des apparences. Remettez tout ce que vous croyez comme réel en question. Tout ce que vous avez appris peut aussi être remis en question. Doutez de vos connaissances. On nous enseigne à l'école depuis nos plus jeunes âges. Mais pour quelle utilité ? A part celle de conditionner les gens comme des robots à rentrer dans un moule défini comme le même pour tous... Je pensais qu'on était tous différents ? Sept milliards d'humain sur Terre et on ne se ressemble pas. Notre génétique est fondamentalement la même, mais nous avons tous nos variables.

Choisir est notre pouvoir ! On a toujours le choix, le libre arbitre qui nous donne le privilège de refuser, de savoir dire non, de prendre les décisions qui orientent notre chemin. La liberté n'a pas de prix. L'expérience qui en découle est notre richesse intérieure que personne ne pourra jamais nous voler. C'est inscrit dans notre mémoire cellulaire.

Bien sûr il faut s'adapter à notre société, il y a des lois. Les lois sont malheureusement formulées bien souvent pour le bien-être financier du pays et de ses dirigeants, pas de celui des citoyens qui ont le droit de voter pour eux ou non. Ça donne une illusion de liberté, de choix, mais en fait vous êtes juste libre de payer vos impôts. La politique n'est que du commerce à l'échelle nationale et internationale. C'est un business.

Il y a les lois de « Dieu » et les lois des hommes :  puisqu'on est sensé être nés tous égaux quelque que soit notre couleur, race, religion, alors pourquoi chaque pays a des lois intrinsèques ? Pourquoi chaque pays à une religion propre ? Pourquoi les lois de la morale passent avant ou après les lois de l'état ? Pourquoi des lois alors que chacun de nous connaît la réalité du bien ou du mal ? Même le psychopathe sait ce qu'est le bien et le mal... Faites le bien et le bien vous revient, faites le mal et ce sera pour ton karma ou ton enfer. Toutes ces frontières délimitent les lois du pays, de l'état, et protègent le pays des invasions étrangères....

Notre intolérance à la différence sera notre perte ! Je vous donne matière a ouvrir le débat des différences interculturelles planétaires. En tant qu'être humain, il devrait avoir une constante en chacun de nous ! Cette humanisme est présent chez certains, et absent chez d'autres. Certains religieux affirment que la masturbation provoquent les tremblements de terre... Il convient de filtrer en soi toutes ces théories religieuses et philosophiques avant de décider quoi en faire concrètement. L'essentiel est d'avant tout être dans la bonté. Pas besoin d'aller au temple, à l'église, a la synagogue, à l'ashram, à la mosquée pour prier et commencer à être bon avec les autres.

La religion catholique est présentée comme une élite qui suit à la lettre les enseignements de Jésus. En fait, ils suivent les enseignements de leurs concepts fabriqués de toutes pièces. Ils ne sont parfois même pas d'accord entre eux. Il y a même des divergences de croyances au sein des religions. Seul les élus de « Dieu » sont promis au paradis après avoir respecté durant toute leur vie ces conditionnements instaurés depuis l'enfance sous le régime de l'obligation.

N'est-ce pas un peu limitatif ? N'est-ce pas un peu élitiste voire sectaire de se croire mieux que les autres ? Je pense que Jésus, s'il avait réellement existé, se retournerait dans sa tombe s'il prenait connaissance de ce que la religion a fait de son enseignement premier...

Je veux dire qu'il y a une chose essentielle à l'épanouissement de chacun dans le bien commun, une chose qui guérit les maux et les différences, une chose impalpable mais qui est extrêmement puissante : c'est l'amour ! L'amour guérit, l'amour apaise, il pardonne, réconforte, donne de l'espoir, se partage. La solution à notre monde malade c'est tout simplement ça !

Il faudrait créer des institutions qui enseignent comment aimer. Qu'est-ce que l'amour ? Un concept qui pose plusieurs définitions et plusieurs points de vue. C'est une base dont toutes les religions parlent, mais que personne n'applique totalement. La théorie sans sa mise en pratique dans la vie de tous les jours ne sert à pas grand chose. Appliquer des théories qui nous isolent les uns des autres, qui obligent les gens à croire aveuglément sans aucune vérification objective, n'est que de la naïveté et de l'abus de confiance.

Pourquoi suivre le troupeau de moutons, apprendre des pratiques religieuses abrutissantes et contraignantes ? Rien ne vous oblige à y adhérer ! Il est temps de vous libérer, de changer votre vie. L'esprit libre apporte l'espace pour penser plus loin, voir les choses clairement, avec discernement et vacuité. La peur de sortir de l'enclos vous paralyse. Vous préférez demeurez enfermé dans vos concepts habituels ? Attention, vous risquez juste de sortir de la matrice ! Voir le monde tel qu'il est réellement. C'est ainsi le début de la compréhension ultime qui vous apportera le bonheur véritable.

Une âme en paix n'est pas celle qu'on a volontairement enfermée dans une prison pour votre esprit depuis votre jeune âge. Le poisson qui tourne depuis des années dans son aquarium, n'a pas conscience de l'existence de l'océan ! C'est la même chose pour l'ouverture de la conscience. Faites-vous confiance en vous-même. Que la peur de l'inconnu ne vous décourage pas. Pour changer ses habitudes, il faut d'abord nettoyer les anciennes. Vous prenez ainsi un nouveau départ dans votre vie et un sens nouveau surgit, celui de la libération de votre esprit des vieux schémas usés, vides de sens et contraires à la liberté de penser et d'agir.

Regardez le monde au travers des médias n'est pas la réalité objective. Les médias colportent de l'extravagance, des nouvelles chocs et choquantes, et bien souvent très négatives, voire horribles. C'est de la manipulation de masse ! Et derrière cette projection théâtrale de la réalité du monde, des enjeux financiers plus haut placés. Il faut vendre du surréalisme, vendre de l'exceptionnel, vendre de l'exploit, vendre... En fait, il faut juste éteindre sa télévision pour vivre en paix !

Certaines parures religieuses comme le voile et son concept font débat  pour un détail qui dérange. Pourquoi cacher la femme ? C'est seulement pour déranger un peu plus et élargir le fossé culturel et religieux. Quand on se sait pas s'adapter aux us et coutumes du pays qui les accueille, pourquoi alors nous imposer les leurs et créer la polémique hypocrite et agressive ? Et après, ils disent que c'est de notre faute et que nous sommes des racistes ! Par contre, ils s'adaptent très bien au chômage et aux allocations pour leurs proliférations d'enfants ! Tandis que l'européen conçoit un à deux enfants par couple, ils en produisent 3 à 4.

L'envahissement silencieux et politiquement correct s'observe au quotidien... Il est temps d'arrêter de se voiler la face sur ses sujets à controverses qui créent toujours des débats provocateurs. Et si on exprime son désaccord, alors on est qualifié de mécréant.

Même à la mosquée de Bruxelles, il y a un imam qui enseigne des théories empruntes de radicalisme... Inverser la responsabilité est un signe flagrant de manipulation ! Ça ne nous aide toujours pas à vivre mieux tous ensemble, heureux ici et maintenant.

L'amour et la compassion sont les outils émotionnels pour mieux vivre ensemble. Puisque le mental est trop bête pour avoir du coeur, on va passer par le coeur pour nous inter-relier. C'est possible dans l'absolu et, dans la réalité, des événements vont se produire si le coeur émet une vibration d'amour. Vous émettez et donc vous recevrez le retour d'une façon ou d'une autre, et peu importe le facteur temporel. Commencez par vous aimer vous-même. L'amour propre est le respect de sa personne. Combien de gens ne s'aime pas et s'autodétruisent ? Pour aimer les autres, il convient donc avant tout de commencer à s'entraîner par s'aimer soi-même !

La confiance en soi est également produite depuis l'amour propre, c'est quasi la même chose ! Ce n'est pas de l'ego ou de l'égocentrisme de s'aimer et d'être fier de soi. On se réjouit d'une telle sensation agréable et c'est le signe que c'est du positif. Des gens peuvent être dépendants affectifs de l'amour des autres. Ils ont soif d'amour et de reconnaissance. En fait, ils doivent d'abord se remplir eux-mêmes d'amour. C'est uniquement après avoir accompli cette étape, qu'ils peuvent alors commencer à partager cet amour avec les gens choisis et même tout le monde.

Les religions ne nous ont pas relié les uns les autres. Ils nous ont divisé et ont même commis des meurtres et autres atrocités voire des génocides pour répandre leurs concepts sous le régime de la tyrannie. Et Ils enseignaient « tu ne tueras point » en massacrant certains peuples qualifiés « d'hérétiques »...

Le problème n'est pas les dirigeants religieux, c'est leurs enseignements, c'est les concepts qu'ils ont construit et dans lesquels ils sont enfermés. Ce n'est pas la faute des maîtres desquels les dirigeants ont tiré profit et pouvoir pour bâtir une communauté, c'est la responsabilité de ceux qui parlent en leur nom ! Les religions sont des constructions adaptées à la politique économico-sociale de la société de l'époque. Elles ne sont même pas adaptées à la société actuelle.

Dans certains pays, les homosexuels sont condamnés et vont en prison ! En Belgique, le mariage gay est légal. Il y a des problèmes d'intégration et de communication. Chacun défend ses origines et ses traditions. On a peur des différences et on a créé une lutte entre des idéaux pour nous diviser. En fait, on profite de nos peurs pour créer un état où l'être humain voit en l'autre un ennemi plus dangereux que ce qu'il ne l'est en réalité.

De cette façon, on a créé une catégorisation et des extrémismes qui empirent encore la situation. La haine se développe et s'accroît jour après jour entre les populations. La responsabilité provient des religions qui devraient diffuser la bienfaisance envers les autres castes et le partage et non l'élitisme de la leur !

Il faut oser en parler sans être immoral, anti-religieux, blasphématoire, hérétique ou satanique. L'objectif est d'arrêter le mensonge et la manipulation de masse pour votre bien et celui de la planète. Ce lavage de cerveau hypocrite commence par la famille, puis à l'école. On vous obligeait à croire au cours de religion, on avait pas le choix que de l'apprendre en étudiant la religion, sinon on ne passait pas dans la classe supérieure. Les religions sont donc des sectes légales. Surtout en donnant l'image d'une spiritualité pure et épanouissante. La vérité est d'une tout autre nature. Les actes ne sont pas dans la lignée des paroles. La religion est l'opposé de la spiritualité.

Comme la perversion narcissique, il faut la repérer pour remarquer que les actions sont opposées à la théorie transmise. Ces perversions font remarquer les fruits de l'arbre. L'arbre religieux n'est pas le message initial du maître. C'est juste une fabrication. Les gens ne s'aiment pas eux-mêmes, aime encore moins le voisin, encore moins la planète sur laquelle ils vivent. Rien que les dizaines de milliers de tonnes de déchets sur terre comme sur mer, les continents entiers de plastiques dérivants dans l'océan. Sans parler de tout ce qu'il y a au fond...

Est-ce que l'être humain respecte son environnement ? C'est quand qu'il va enfin comprendre ? Quand le processus sera impossible à inverser et que ce sera trop tard ? On agit pas car on est en vacances, car on est au travail, car on a pas le temps pour ça... L'excuse est toujours bonne. Sortir de l'ignorance va peut-être coûter la vie à une partie de la population terrestre. C'est pas la peine de nier l'évidence et de faire la politique de l'autruche. Il en va de notre responsabilité à tous d'intervenir ! On ne peut pas dire qu'on est pas concerné. Nous vivons sur Terre, nous sommes des habitants de la Terre, nous sommes donc concernés !

La prière est essentielle pour remercier les puissances célestes de son bonheur présent. La gratitude est très importante. Elle augmente encore plus l'aide offerte. On peut demander de l'aide, de la protection, des bénédictions et de l'énergie pour trouver des solutions. Demandez et vous recevrez. Soyez précis et formulez la prière trois fois. Vous aurez un retour tôt ou tard, et parfois des surprises, des cadeaux offerts par la vie, bien au-delà de ce qu'on attendait et se concrétisant  dans la matière. La matière est juste un condensé d'une énergie spirituelle, plus forte que vous ne le pensez.

Ainsi, les pensées matérialisent la réalité. On ne prie pas un nuage indéfinissable en espérant que vous serez sauvé de vos problèmes et de soucis en un coup de baguette magique. Mettez de l'intention d'aller mieux, de mieux faire, mettez de l'amour et de la compassion, émettez une profonde volonté ! Agissez ! Passez à l'action par des faits réels. Faites le premier pas. Vous allez alors découvrir du soutien et rencontrer des personnes qui vont vous aider à atteindre vos objectifs.

Ce que l'on pense, on l'attire. Votre énergie mentale se reflète dans votre émanation, dans le champs d'énergie de votre aura. Vous allez attirer des personnes bonnes et des expériences de vie épanouissantes si vous vibrez avec de bonnes intentions. C'est donc l'état d'esprit qui compte, le pouvoir de l'intention est grand. Ce n'est pas une théorie extraordinaire. Rappelez-vous vos examens et vos réussites. Si vous partez gagnant, vous arriverez gagnant. Si vous allez avec les pieds lourds, en ayant déjà au départ l'attitude défaitiste, vous augmentez la probabilité de connaître l'échec. Tout travail mérite salaire et mérite une récompense, ainsi que par la reconnaissance d'autrui.

Si une porte se ferme, une opportunité espérée qui ne se concrétise pas, n'insistez pas et allez frapper à une autre porte. Soyez vigilant aux signes de la matière, à votre intuition. Utilisez une méthode différente. Si une protocole donne un résultat, et si vous souhaitez obtenir une chose différente, utilisez un autre protocole. L'effet sera différent si la méthode l'est également. L'erreur est d'essayer chaque fois la même chose, et d'attendre un résultat différent. Remettre en question les bases permet de construire une nouvelle maison sous une architecture différente.

On mets les gens dans des compartiments selon leur origines, leurs idées, leurs possessions, leurs convictions politiques, religieuses, philosophiques. Mais cela ne fait que nous diviser encore plus ! Nos différences sont nos faiblesses, alors qu'elles devraient être nos richesses et nos qualités. Nous ne voulons pas ressembler à une autre personne, nous voulons être différent, avoir des vêtements pas identiques, avoir notre propre caractère, nos qualités intrinsèques. Et pourtant nous sommes sensés être tous égaux ?

Les bases morales, tout le monde les connaît, même le psychopathe assassin. Il sait ce qu'est la notion de bien et de mal. L'être humain est en fait malade ! Il a besoin d'une thérapie du bonheur. Les anciens concepts n'ayant pas porté leurs fruits vu la situation actuelle, il faut réapprendre les valeurs initiales oubliées.

Il est temps de réformer la morale, la religion, la philosophie, pour le mieux-être général. Combien de gens vivent la souffrance et ne sont pas heureux en vie sur Terre, ici et maintenant ? Comment parvenir à toucher le bonheur durable ? Et non plus des moments de bonheur, puis des moments difficiles et douloureux, etc... La sinusoïde est à briser.

Les adeptes du bouddhisme disent qu'il faut atteindre l'éveil total et complet. Il y a dix niveaux d'éveil. La problématique des renaissances dans le cycle sans fin du samsara est solutionné par la transcendance du désir. En son absence, on ne renaît pas, on cesse le cycle pour atteindre l'éveil et accéder au Nirvana.

Je ne suis pas du même avis. Nous sommes nés par le désir entre une femme et un homme. Nous avons le désir de vivre, le désir de manger, de profiter de la vie, le désir sexuel... C'est humain d'avoir du désir car ça fait partie de la vie ! Si vous n'en avez plus, vous êtes sans but, sans envie, sans fougue, sans charisme... « Je désire que tous les êtres vivants soient libérés de la souffrance » est le désir du Dalaï-lama, qui apparaît comme un Bouddha vivant... Mais, il n'est en réalité, qu'une excroissance de la matrice pour soumettre le peuple à devenir des Bisounours !

Si les autres sources d'enseignements d'amour, de paix et de cohésion sociale avait fonctionné en 2000 ans ou 5000 ans, on ne vivrait pas dans un tel monde ! C'est pourquoi il convient de chercher une autre source d'inspiration nouvelle ! Comme une nouvelle recette de cuisine pour un plat appelé « bonheur ».

Comment être heureux ? Tout le monde aspire au bonheur profondément. C'est le but de la vie. Se délivrer de la souffrance et des soucis, par des événements soit extérieurs, soit intérieurs : des faits nouveau à provoquer, des choses matérielles à acquérir, des gens à entrer en relation pour évoluer... L'esprit guide tout le reste ! C'est l'esprit le moteur de votre réalisation interne et extérieure ! Il faut donc travailler son esprit à la paix et à l'amour pour pouvoir l'exprimer dans la matière physiquement ou par des actes démontrant cette découverte.

Tout part donc de vous-même. Il faut d'abord se recentrer en soi pour trouver la base qui va permettre par la suite de construire votre destinée. C'est vous le maître qui guide la manoeuvre. Si vous cherchez des excuses pour ne pas y arriver, vous vous limitez et vous vous enterrez avant le départ. Il faut y croire, il faut construire le projet, il faut faire des efforts justes, s'entourer de personnes qui vont vous aider et non pas vous décourager d'arriver à votre but. Faites le nettoyage des gens négatifs, et ne vous laissez pas distraire ou convaincre de leurs limites comme étant les vôtres. La jalousie n'est observée que chez les humains qui ne sont pas capables, donc travaillez avec ceux qui le sont !

La volonté est essentielle, puissante, bien canalisée, elle permet de tout faire et de ne jamais abandonner. Il faut donc la cultiver avec sagesse ! Croyez en vos capacités, ayez la foi en vous-même. Vous ne serez jamais déçu plutôt que d'avoir la foi en un Dieu sur un nuage quelque part où on n'est jamais allé, et que nous n'avons jamais vu. Croyez les faits, les actes, pas les belles paroles. C'est comme un politicien proliférant des promesses de réformes fantastiques, de solutions sociales avantageuses. En réalité, une fois au pouvoir, cet homme promeut l'augmentation de son salaire, la disparition des meubles de l'état, et de nouvelles lois votées pour couvrir ses arrières financiers et leurs investissements dans les paradis fiscaux !

Certains adeptes religieux ne mangent pas de porc et c'est à la base une raison hygiénique. Avec les moyens agro-alimentaires actuels, le problème est sous contrôle mais le protocole religieux n'est pas remis à jour. Il y a un manque de mouvement et d'adaptation que d'obéir et de soumettre sa vie à des vieux textes religieux ou sacrés. Tout peut s'interpréter comme on le souhaite. C'est comme les charlatans qui lisent votre avenir dans les lignes de la main. On peut leur faire dire ce que l'on veut en fonction des besoins politiques et économiques de l'actualité ! C'est uniquement pour soumettre le peuple en bons religieux pour rentrer dans le rang de l'armée de Dieu et marcher au pas. Sinon, l'enfer vous attend !

Voilà le véritable message caché que personne n'ose aborder nulle part par peur de représailles sanglantes. Qui peut encore se voiler la face que les religions n'ont apporté que la guerre et des millions de morts, ainsi que la soumission aux profits de ceux qui tirent les ficelles politiques en gérant notre économie nationale et internationale ! Ce n'est qu'une machination gouvernementale.

Les gens vont de moins en moins prier en communauté car ils commencent enfin à se poser des questions et mettre en doute les acquis religieux obligatoires dont nous avons été victimes durant nos années scolaires. On a le pouvoir de choisir dans la vie ses convictions aussi. Non ça n'est pas hérétique, ni interdit sous peine d'être brûlé sur le bûcher comme sorcière !

Intellectualisez vos croyances. Doutez de mon enseignement également. Je n'expose pas la vérité ultime. La personne capable de cela est un être éveillé complètement et en général. Ceux-là ont déjà écrits des ouvrages d'amour, de paix intérieure, et de compassion.

Il ne faut pas avoir peur de la nouveauté et d'explorer des pistes nouvelles. C'est ainsi qu'on arrive là où personne n'est jamais allé ! C'est comme ça que l'on fait progresser les idées et la pensée humaine. C'est un bol d'air frais à toutes ces cristallisations religieuses vieillies et vieillottes qui ne sont même plus au goût du jour. Les religions ne répondent plus aux problématiques de notre monde actuel. Elles n'ont même pas été créées dans ce but. Elles n'ont pas un effet suffisamment fort et concentré pour renverser l'ordre des choses et inverser la dégradation quotidienne de l'humanité. Je dirais même qu'elles y ont participé !

Le commerce religieux a de beaux jours devant lui et l'état y touche aussi sa part et y trouve ses intérêts, pour un homme de bien, que l'état a d'abord exécuté pour ensuite fabriquer une entreprise. Ca n'est pas Jésus que l'on trouve dans les églises, mais Satan !

Jamais les maîtres n'ont demandé que les représentants religieux se couvrent de richesses en or et en pierres précieuses. Est-ce pour glorifier Dieu ou le dirigeant de la caste ? Où est

Dieu dans toutes ces démonstrations théâtrales pseudo-sacrées ?

Les précédents maîtres n'ont jamais demandé à fabriquer une religion, une philosophie, un business... Tous les rituels furent créés en leur nom mais ne viennent pas de leurs enseignements. On a utilisé la religion comme moyen pour créer des systèmes qui génèrent de l'argent et de l'emprise sur les esprits des populations.

La base est bonne. Les maîtres desquels une religion est née sont de bonnes et de belles personnes qui oeuvrent pour le bien commun et la progression spirituelle de l'humanité. Je parle des gens qui ont transformés leurs messages initiaux de base pour leurs intérêts et celui de leur politique ! A part créer des guerres inter-religieuses pour savoir quel dieu a raison et lequel a tort et qui doit donc se soumettre à leur Dieu. Que d'énergie et de temps perdu, de vies humaines entièrement gâchées à prier un Dieu qui n'existe pas et qui ne reviendra jamais les sauver !

L'apocalypse, si elle n'est pas encore arrivée, je me demande bien ce qu'il lui reste encore, car le monde est déjà suffisamment horrible et atroce pour creuser encore d'avantage notre tombe. Pour changer le monde, commencez par changer votre esprit, non pas en positivant, mais en agissant activement à la solution mondiale. Vos actions positives suivent vos pensées positives et inverse la tendance de la planète. Si chacun y met du sien et du coeur, on peut encore réussir. Un homme seul et déterminé peut déjà faire énormément de choses, plus qu'une armée de gens qui n'ont pas l'intention de bouger quoi que ce soit...

Votre santé spirituelle est également présente dans les choses les plus simple de vie. Pas besoin d'aller dans une communauté religieuse pour pratiquer la spiritualité. Les rites et les rituels anciens sont utiles mais ont grand besoin de nouveauté et de d'être remastérisés aux goûts du temps présent. On remarque bien que une voie commune à toutes ses différences de rituels, d'offrandes, de bougies, d'encens, de dons d'argent... C'est de se mettre en relation avec le divin !

Cette mise en contact se déroule encore dans l'esprit ! Pas sur un nuage magique dans le ciel. L'énergie se ressent, se transmet, apporte du bien-être, rempli votre vide intérieur. Elle améliore votre état d'esprit. Vivez votre spiritualité de façon simple. Même préparer un repas et faire une sieste digestive sont de bonnes méditations. Aller marcher en forêt, rendre un service à un ami, offrir des fleurs à une personne pour voir son sourire, tous ces actes sont des actes bienveillants de spiritualité.

Le mal n'est pas si mal que ça quand on détecte ce qu'il y a derrière l'enveloppe de propagande du bien. Même les puissances obscures contre qui on nous a dit de lutter ne sont pas mauvaises en réalité. Au lieu de les fuir dans une tension de dualité, il faudrait faire corps avec le bien et le mal. Ainsi, on parvient à aller au-delà de ces deux opposés, et la tension de cette dualité se dissipe. La paix et l'harmonie se ressentent et le combat contre les forces du mal est terminé.

La religion ne considère pas la femme comme l'égale de l'homme. Dans certaines traditions religieuses, les hommes ne serrent même pas la main des femmes. Ils ne respectent pas notre respect. Mais, ils nous demandent à nous de respecter leurs manques de savoir vivre. Ils divisent les populations et vivent en communauté en restant entre eux. Encore un exemple de décapitation du message spirituel initial porteur d'un message d'amour et de paix. Les femmes doivent être cachées pour démontrer uniquement leur soumission.

C'est pour nous démontrer l'absurdité qui gâche le potentiel réel de l'être humain. Ces religions conçues par des hommes pour leurs dirigeants politiques permettent de contrôler les peuples et l'esprit des gens. Ce n'est qu'une hallucination élaborée à grande échelle pour faire de nous des moutons dociles. Notre comportement est donc suggéré et induit comme une obligation légale qui passe devant la loi du pays. Comment encore y croire après avoir pris conscience de cette absurdité ?

C'est suivant le contexte de l'époque aussi. Qu'est ce qui n'allait pas à l'époque voilà environ 2000 ans ? Les maîtres du passé étaient révolutionnaires qui offraient des solutions magnifiques pour l'humanité, mais qui ne convenait pas aux dirigeants politiques. Il avait le pouvoir et le don de transmettre un beau message de paix et d'amour, mais qui n'était pas en accord avec les mentalités de l'époque. Les dirigeants politiques s'en sont donc débarrassés légalement.

On a repris les enseignements et fabriqué le reste en créant des religions. Les maîtres parlaient d'amour, pas d'investissements immobiliers nécessaires à la soumission du peuple. Tout est déclaré totalement sacré et les religieux n'hésiteront pas à dire: « mort aux blasphémateurs sataniques qui oseront douter ou dire autre chose que ce qui est écrit dans les textes sacrés de la vérité de Dieu ».

J'ai le droit d'exprimer mon opinion d'être humain pensant sur cette planète ou pas ? Peut-être que j'irais dès lors en enfer pour avoir blasphémé ? Peut-être on m'assassinera pour outrage à Dieu, peut-être on m'internera dans un asile pour me lobotomiser et ainsi se débarrasser de ma personne et de ma plume ?

Dans tous les cas, je ne me fais aucun soucis pour mon futur et mon présent devant ceux qui propagent uniquement la peur. C'est tout le contraire du message d'amour initial !

Libérez-vous de la peur et de la culpabilité. Ne vous soumettez plus aux ordres de ces constructions de concepts fabriquées de toutes pièces. Le message premier des maîtres est, je le répète merveilleux. Ce sont des personnes fabuleuses. C'est leur récupération politique qui n'est pas saine, ni pour votre esprit, ni pour améliorer la situation mondiale ! Il est important de changer car si nous continuons à nous diviser pour savoir qui à raison et qui à tort, les guerres continueront et elles sont financées par les impôts que vous payez à l'état.

Nous ne sommes que des pions et des fous. L'échec est de croire que nous n'avons aucun pouvoir sur les choses, que c'est peine perdue, qu'il faut vivre avec son temps, d'accepter que ça nous dépasse, renoncer et ne rien faire ni n'avoir d'opinion. En fait, vous pouvez changer le monde ! Vous en avez le pouvoir car vous êtes encore vivant ! Comment ? En vous changeant vous-même depuis votre esprit, avec la foi en vous-même et en votre potentiel. Montrez par vos paroles et vos actes le bon exemple, celui qui donne envie de faire pareil, soyez vous-même : une bonne personne. C'est en répandant le bien de façon locale dans votre entourage que vous commencerez à changer le monde.

Dans l'univers, il y a une lutte incessante entre les énergies négatives et les énergies positives. Il faut aller au-delà de la dualité entre le bien et le mal. Être bon mais ne pas être poire. Agir avec douceur, mais être fermement. Propagez la paix, mais avec force. Je parle de l'équilibre au-delà du yin et du yang. Réaliser la globalité du bien et du mal ! Vivre l'équilibre, le juste milieu dont parle si bien le Bouddha Siddharta.

Concernant la prière, cela fait des milliers d'années que les gens prient Dieu pour la paix dans le monde et des guerres ont toujours lieu. La prière n'a jamais apporté la paix sur Terre ! Il faut être réaliste ! Qui a créé la guerre ? Ce sont les religions qui ont créé ces problèmes. C'est donc aux dirigeants de prendre leurs responsabilités. Il y a eu des millions de morts dans les guerre de religions depuis des milliers d'années, dans la propagande forcée et dictatoriale, dans les combat entre les religieux au nom d'un Dieu qui est sensé être le même que ce soit chez l'une ou l'autre de ces religions. La guerre crée de l'emploi grâce à l'argent de nos impôts. L'argent est le nerf de la guerre...

Nous ne vivons pas dans un monde de paix et d'harmonie. La planète Terre est le siège de l'enfer ! Nous sommes des êtres dotés d'intelligence, de compassion et d'amour, mais nous ne déployons pas notre potentiel inné. Bien souvent, nous sommes juste conditionnés par la société. Nous pouvons nous comporter comme des barbares égocentriques d'une idiotie inouïe.

Souvent, nous ne sommes même pas en mesure d'être appelés humain car nous n'exploitons pas l'humanisme profond en nous-mêmes. Peut-être méritons-nous notre déchéance programmée ? Ce n'est que le résultat de ce que nous avons semé. Les conséquences de notre imbécillité doivent être payées car nous avons laissé faire les choses sans agir ou réagir. Nous méritons notre auto-apocalypse, et ce n'est pas de Dieu qu'elle serait provoquée, juste des hommes qui devraient être à son image !

Certains penseront que je cherche à discriminer les religions pour faire la promotion de l'enseignement des Bouddhas. Ce n'est pas mon objectif. Je ne suis même pas bouddhiste. Je cherche juste à éveiller les consciences d'une problématique qui nous touche tous, nous citoyens de la planète Terre. En deux milles ans, nous n'avons pas encore compris pourquoi les choses vont mal et comment intervenir pour améliorer la condition de vie des populations et leur atteinte de leur propre bonheur.

Nous refaisons encore les mêmes erreurs même en pire, croyant qu'avec les mêmes ingrédients de base, on pourrait obtenir un résultat différent. Se remette en question et remettre en question son mode de pensées est parfois nécessaire à la progression, car le verdict est observé que le quotient intellectuel des gens régresse. Il ne veut rien dire en soi, sinon que l'intelligence ne peut être définie uniquement par un seul chiffre.

L'intelligence émotionnelle qui fait de nous des humains est la bonne base pour construire nos sociétés. Ce n'est pas l'argent, c'est l'état d'esprit dans lequel nous nous épanouissons. Travailler toute sa vie pour gagner de l'argent que nous n'emporterons pas avec nous dans notre vie future est illusoire. Travailler à emmagasiner des bonnes actions altruistes et répandre son bonheur vers les autres est la solution. Vous l'emporterez avec vous dans votre vie future d'une façon karmique et vous aurez participé au bonheur universel de la communauté de la Terre. C'est le développement de notre spiritualité qui sauvera notre âme, et sûrement pas la religion qui l'enferme et la maintien dans l'ignorance.

Il est donc l'heure de se réveiller et de s'éveiller. Libérer notre esprit de l'ignorance pour notre bonheur et celui de la communauté terrienne, pour nous et notre planète...

Photos : Susa et Gioiosa Jonica (Italie).
Couverture : peinture sur toile de Philippe
Collinet représentant le Mahakala.

# Du même auteur :

Le Bouddha schizophrène

Ma prophétie du Bouddha Maitreya

10 clés pour accéder au bonheur

Reiki : synthèse scientifique

Incantations

Le lever du soleil de la conscience

365 citations d'éveil spirituel

Messages pour une vie meilleure

Visions d'éveil


# Plus d'informations sur :

https://le-bouddha-schizophrene-37.webself.net/accueil